日本の絶景
九州

日本の絶景

おとな旅プレミアム

九州
CONTENTS

山と海の花々

日木峰高原 …… 6
池田湖 …… 10
中山の大藤 …… 14
生駒高原 …… 16
るるパーク（大分農業文化公園）
…… 18
のこのしまアイランドパーク
…… 20
御船山楽園 …… 22
西都原古墳群 …… 24
野母崎 水仙の丘 …… 26
くじゅう花公園 …… 27

パワースポットの聖地

倉岳神社 …… 30
高千穂峡 …… 34
鵜戸神宮 …… 38
大魚神社の海中鳥居 …… 42
宮地嶽神社の光の道 …… 44
上色見熊野座神社 …… 46
桜井二見ヶ浦 …… 48

きらめきの海

かがみの海 …… 52
御輿来海岸 …… 56
浜野浦の棚田 …… 60
長目の浜 …… 64
願いが叶うクルスの海 …… 66
真玉海岸 …… 68
ガラスの砂浜 …… 70
日本一小さな公園 …… 71

物語を紡ぐ島々

屋久島 …… 74
与論島 …… 78
対馬 …… 82
壱岐 …… 86
奄美大島 …… 90

癒やしの露天温泉

別府温泉 杉乃井ホテル …… 96
ヘルシーランド露天風呂
たまて箱温泉 …… 100
ホテル南風楼 …… 102
山のホテル夢想園 …… 104
唐津シーサイドホテル …… 106
瀬の本高原ホテル …… 108
CITY SPA てんくう …… 110
海上露天風呂 波の湯 茜 …… 111

昔日の光、街と里山

杵築 …… 114
知覧 …… 118
柳川 …… 122
飫肥 …… 126
有田内山 …… 128
八女 …… 130
椎葉村 …… 131

パノラマビュー展望

城山展望台 …… 134
展海峰 …… 138
草千里ヶ浜 …… 142
皿倉山展望台 …… 146
都井岬 …… 150

山水画のような渓谷と滝

耶馬渓 一目八景 …… 154
雄川の滝 …… 158
菊池渓谷 …… 160
曽木の滝 …… 162
黄牛の滝 …… 163

教会のある街と島

長崎 …… 166
平戸 …… 170
五島列島 福江島 …… 174

COLUMN

緑に癒やされるスポット …… 28
カラフルな装飾がかわいい
パワースポット …… 50
絶景に寄り添う無人駅 …… 72
奄美の自然に魅了された田中一村 …… 94
特異な景観が広がる
「べっぷ地獄めぐり」へ …… 112
フォトジェニックな橋 …… 132
絶景を走るドライブロード …… 152
水面がきらきら輝く湧水 …… 164
まるで外国のような
フォトスポット …… 178
九州で見たい日本一の風景 …… 181

絶景MAP …… 186
INDEX …… 190

本書のご利用にあたって

● 本書中のデータは2025年2月現在のものです。料金、営業時間、休業日、メニューや商品の内容などが、諸事情により変更される場合がありますので、事前にご確認ください。
● 本書に紹介したショップ、レストランなどとの個人的なトラブルに関しましては、当社では一切の責任を負いかねますので、あらかじめご了承ください。
● 営業時間、開館時間は実際に利用できる時間を示しています。ラストオーダー(LO)や最終入館の時間が決められている場合は別途表示してあります。
● 営業時間等、変更する場合がありますので、ご利用の際は公式HPなどで事前にご確認ください。
● 休業日に関しては、基本的に定休日のみを記載しており、特に記載のない場合でも年末年始、ゴールデンウィーク、夏季、旧盆、保安点検日などに休業することがあります。
● 料金は消費税込みの料金を示していますが、変更する場合がありますのでご注意ください。また、入館料などについて特記のない場合は大人料金を示しています。
● 宿泊料金に関しては、「1泊2食付」「1泊朝食付」「素泊まり」は特記のない場合1室2名で宿泊したときの1名分の料金です。曜日や季節によって異なることがありますので、ご注意ください。
● 交通表記における所要時間、最寄り駅からの所要時間は目安としてご利用ください。
● 駐車場は当該施設の専用駐車場の有無を表示しています。
● 掲載写真は取材時のもので、料理、商品などのなかにはすでに取り扱っていない場合があります。
● 掲載している資料および史料は、許可なく複製することを禁じます。

データの見方

☎	電話番号	⏰	営業時間
交	アクセス	休	定休日
所	所在地	料	料金
開	開館／開園／ 開門時間	P	駐車場

地図のマーク

⛩	神社	🏊	海水浴場
卍	寺院	🅿	道の駅
†	教会	🚏	バス停
⊗	学校	✈	空港
♨	温泉	⚓	港

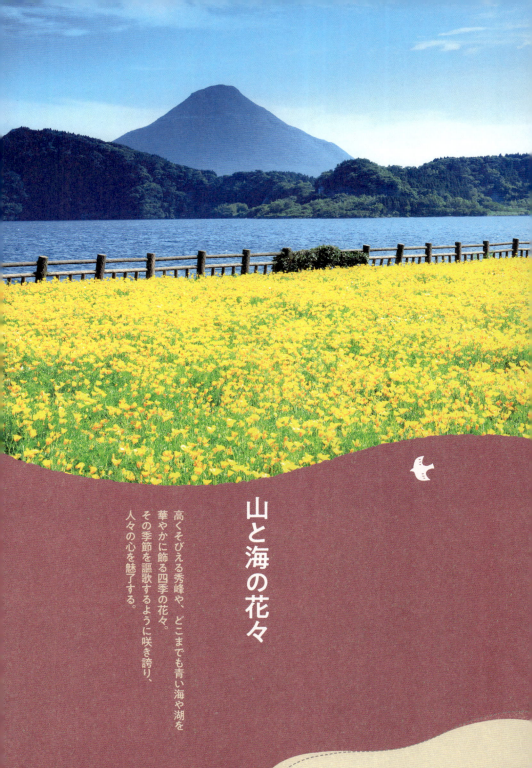

山と海の花々

高くそびえる秀峰や、どこまでも青い海や湖を華やかに飾る四季の花々。
その季節を謳歌するように咲き誇り、人々の心を魅了する。

長崎県 MAP P.186 C-4

白木峰高原
しらきみねこうげん

高原の涼やかな風のなか
有明の海を背に菜の花がゆらめく

花の見頃

3月上旬〜4月中旬

丘陵地に約10万本の菜の花が咲き乱れ、まるで黄色い絨毯を敷き詰めたような美しい風景が広がる。

山と海の花々

五家原岳の中腹、約350m地点にあり、諫早湾が一望できる。雄大な日の出も見ることができ、元日の初日の出には多くの人々が集まる

> 諫早湾や雲仙岳を一望でき、雄大なパノラマが広がる高原。
> 春の菜の花、秋のコスモスなどに彩られたカラフルな風景も魅力的。

約1万m²の広大な丘陵地を、春は約10万本の菜の花、秋は約20万本のコスモスが埋め尽くす。壮観の花景色や心地よさを求めて多くの人が訪れる観光スポットだ。標高1057mの五家原岳の中腹に広がり、眺めの良さや開放感も別格で四季を通じて楽しめる。ハイキングコースも整備され、さわやかな空気を吸いながら、自然を満喫できる。隣接する「コスモス花宇宙館」3階には展望デッキがあり、雲仙岳や有明海を望む。さらに2階のコスモスミュージアムには、コスモス画家として知られる荒木幸史氏の作品を展示している。

ピンク、白、赤、赤紫など多彩な色の約20万本のコスモス。10月上旬～下旬が見頃

ACCESS
アクセス

長崎空港
↓ 車で8分
大村IC
↓ 車で30分
諫早IC

諫早ICから国道207号、県道184号を経由して、車で30分。JR諫早駅から長崎県営バス国立少年自然の家行きで30分、白木峰高原下車、徒歩3分。

INFORMATION
問い合わせ先

諫早市緑化公園課 ☎0957-22-1500
コスモス花宇宙館 ☎0957-23-9003
雲仙観光局 ☎0957-73-3434
島原市しまばら観光課
☎0957-63-1111

DATA
観光データ

所 長崎県諫早市白木峰町 休 見学自由 P あり
コスモス花宇宙館 開10:00～20:00(金～日曜は～22:00) 休月曜 料無料

BEST TIME TO VISIT
訪れたい季節

カラフルな花に彩られた景色を堪能するなら春と秋。春には菜の花が高原一面を黄色く染め、桜のピンクとのコントラストも魅力。秋のコスモスもまた素晴らしく、まるで絵画のような風景が楽しめる。

諫早湾の堤防上を走る道路
雲仙多良シーライン
うんぜんたらシーライン
MAP P.8-[1]

諫早湾の干拓事業に伴って造られた道路で、海のど真ん中を走る爽快感が得られる。有明海沿いのドライブルートのなかでも群を抜く絶景ロードだ。有明海と諫早新地を望む展望歩道橋もある。

8

TRAVEL PLAN

まずは白木峰高原で高原の四季と、仁田峠展望所で海と山の眺めを味わう。
雲仙地獄で大地の営みを体感したあとは、島原藩の歴史を追うドライブコース。

白木峰高原
しらきみねこうげん

菜の花畑の間を爽快に
ハイキングしよう

仁田峠展望所
にたとうげてんぼうしょ

MAP P.8-[2]

四季折々の自然が美しい雲仙岳や、平成2年(1990)の普賢岳の火山噴火でできた平成新山の眺めが楽しめる。妙見山頂までロープウェイでの眺めを楽しみつつ、山頂では雲仙温泉郷も見下ろすことができる。

🚗長崎自動車道・諫早ICから40km 所長崎県雲仙市小浜町雲仙 開8:00〜18:00(11〜3月は〜17:00) 休悪天候時 料無料 Pあり

COURSE

9:00	諫早IC
↓	車で30分
9:30	白木峰高原
↓	車で1時間5分
11:15	仁田峠展望所
↓	車で15分
12:00	雲仙地獄
↓	車で40分
14:00	島原城
↓	車で5分
15:30	武家屋敷
↓	車で1時間
17:00	諫早IC

妙見岳へは全長11.3kmの展望スカイラインで向かう

山と海と温泉郷の
眺めを満喫

春のツツジをはじめ、四季折々の彩りが楽しめる

LUNCH

地元の食材を使用した洋食が自慢
グリーンテラス雲仙
グリーンテラスうんぜん

MAP P.8-[4]

地元のブランド牛を使った料理を提供。雲仙オムハヤシ(サラダ・スープ付き)1800円

📞0957-73-3277 🚗長崎自動車道・諫早ICから36km 所長崎県雲仙市小浜町雲仙320 営11:00〜15:30 休不定休 Pあり

地熱や噴気を
五感で体感

江戸時代にはキリシタン殉教の舞台となった

雲仙地獄
うんぜんじごく

MAP P.8-[3]

橘湾海底のマグマ溜まりから湧き出す高温のガスと、温泉の水蒸気があたりを覆う。地熱で足を温める足蒸しや、雲仙地獄で作る温泉卵を販売する施設など観光施設も充実。

🚗長崎自動車道・諫早ICから36km 所長崎県雲仙市小浜町雲仙 開見学自由 P周辺駐車場利用(有料)

4氏19代の
居城として活躍

唐造り・南蛮造りと呼ばれる珍しい形状の天守

島原城
しまばらじょう

MAP P.8-[5]

松倉豊後守重政により築城。天守、櫓、長塀が再建され、長崎県の史跡に指定されている。

📞0957-62-4766(島原城天守閣事務所) 🚗長崎自動車道・諫早ICから45km 所長崎県島原市城内1-1183-1 開9:00〜17:30 休無休 料700円(島原城入館料) Pあり

江戸期の面影残す
街並み

武家屋敷
ぶけやしき

MAP P.8-[6]

島原の下級武士が暮らした屋敷跡。

🚗長崎自動車道・諫早ICから50km 所長崎県島原市下の丁 開9:00〜17:00 休無休 料無料 Pあり

通りには湧水を流し続けている水路が現存

山と海の花々

鹿児島県 MAP P.189 D-4

池田湖
いけだこ

薩摩富士を映す九州最大の湖
四季折々の花々が魅了する

花の見頃

3月下旬～5月上旬

春はハナビシソウ（写真）のほか、ポピーやツルコザクラが咲き誇る。夏はひまわり、秋はコスモスなどが見られる。

山と海の花々

約4800㎡の広大な花壇に色とりどりの花が咲く。年によって植えられる花の種類が変わるため、訪れるたびに異なる花を楽しむことができる

開聞岳を一望する九州最大のカルデラ湖をのんびり散歩。
シーズンごとに湖畔を彩る、色とりどりの花と湖の景色に癒やされる。

池田湖は周囲約15km、水深233mの九州最大のカルデラ湖。標高約924mの開聞岳が湖越しに望め、池田湖畔は「美しい日本の歩きたくなるみち500選」に選ばれている。湖畔には四季折々の花々が植栽され、春はハナビシソウやポピー、夏はひまわり、秋はキバナコスモス、冬は菜の花が見頃を迎える。特に1月に満開となる菜の花は、多くの人々が見に訪れ、ひと足早く春の便りを伝える。湖には体長約2m、胴回り約50cmの大ウナギも棲息しているほか、謎の生物「イッシー」が棲むともいわれている。

ACCESS
アクセス

鹿児島空港
↓ 車ですぐ
溝辺鹿児島空港IC
↓ 車で30分
鹿児島IC

鹿児島ICから指宿スカイラインなどを経由し、車で1時間。JR開聞駅から鹿児島交通バス池田湖行きで15分、終点下車すぐ。JR開聞駅から徒歩5分の指宿市役所開聞庁舎ではレンタサイクルの貸し出しをしており、池田湖まで30分ほど。

INFORMATION
問い合わせ先

指宿市観光課 ☎0993-22-2111
南九州市商工観光課
☎0993-83-2511

DATA
観光データ

所 鹿児島県指宿市池田　開休料 見学自由　P あり

BEST TIME TO VISIT
訪れたい季節

各シーズンそれぞれに美しい花とのコラボレーションが楽しめる。3〜5月はハナビシソウやポピー、ビオラ、6〜8月はひまわり、9〜11月はコスモス、12〜2月は菜の花と、どの季節も魅力的。訪れる際は、事前に開花情報を確認しよう。

12月下旬〜2月上旬には菜の花が見頃を迎え、「菜の花マラソン」も開催される

TRAVEL PLAN

薩摩半島南端の名所&パワースポットを巡るコース。
薩摩富士ともいわれる開聞岳を望む絶景スポットも満載。

釜蓋神社（射楯兵主神社）
かまふたじんじゃ（いたてつわものぬしじんじゃ）
MAP P.12-1

武の神様を祀る神社。釜のふたを頭にのせ、落とさずに参拝できれば願いが叶うという。
☎0993-38-2127（釜蓋神社管理運営委員会） 交 指宿スカイライン・頴娃ICから15km
所 鹿児島県南九州市頴娃町別府6827
料 参拝自由 P あり

釜のふたで願掛けを

岩礁が突き出た場所に鎮座するパワースポット

COURSE

9:00	鹿児島IC
↓	車で50分
9:50	釜蓋神社（射楯兵主神社）
↓	車で7分
11:00	番所鼻自然公園
↓	車で30分
13:00	開聞山麓自然公園
↓	車で15分
14:30	池田湖
↓	車で20分
15:30	知林ヶ島
↓	車で1時間
17:00	鹿児島IC

開聞岳を望む 天下の絶景

干潮時は竜宮城の入口と伝わる岩礁を一周できる

番所鼻自然公園
ばんどころばなしぜんこうえん
MAP P.12-

伊能忠敬が「天下の絶景」と賞賛した景勝地。ダイナミックな岩礁や開聞岳を一望できる。
交 指宿スカイライン・頴娃ICから14km 所 鹿児島県南九州市頴娃町別府5202 料 見学自由 P あり

東の空が赤く染まる日の出の瞬間も見応えあり

山と海の花々

開聞山麓自然公園
かいもんさんろくしぜんこうえん
MAP P.12-

高さ約924mの開聞岳の東麓に広がる自然公園。展望台からは長崎鼻や東シナ海などを一望。園内には亜熱帯植物があり、南国感を感じられる。
☎0993-32-2051 交 指宿スカイライン・頴娃ICから25km 所 鹿児島県指宿市開聞川尻6743 時 8:00～17:00 休 無休 料 370円 P あり

亜熱帯植物とトカラ馬

県の天然記念物でもあるトカラ馬の姿も

LUNCH

唐船峡にある
そうめん流し
長寿庵 開聞店
ちょうじゅあん かいもんてん
MAP P.12-

☎0993-32-3155 交 指宿スカイライン・頴娃ICから20km 所 鹿児島県指宿市開聞仙田77 時 10～6月 10:00～15:30(LO)7～9月は～21:00(LO19:30) 休 1月中旬～2月 P あり

鯉のあらい、鱒の塩焼きが付く特上そうめん定食1900円

池田湖
いけだこ

湖を背景に色鮮やかに咲き誇るビオラ

知林ヶ島
ちりんがしま
MAP P.12-5

鹿児島(錦江)湾に浮かぶ周囲約3kmの無人島。3～10月にかけて、大潮や中潮の干潮時に長さ約800mの砂の道が出現し、島に歩いて渡ることができる。
交 指宿スカイライン・頴娃ICから26km 所 鹿児島県指宿市西方 料 見学自由 P あり

歩いて渡れる 神秘的な島

縁結びの島として知られる人気のスポット

福岡県 MAP P.187 D-3

中山の大藤
なかやまのおおふじ

香りが見えるような紫の世界
降り注ぐ花の魔術に酔う

花の見頃

4月中旬～下旬

満開の藤棚からは130cmほどの花が垂れ下がり、肩まで届くことも。藤の花と香りに包まれながら観賞を楽しめる。

九州オルレ みやま・清水山コース

歴史と美しい自然を感じながら気軽にトレッキング

女山史跡森林公園で自然を満喫し、清水寺で歴史文化を体感。最後は、道の駅みやまでの買い物も楽しめる。コースを巡りながら、悠久の歴史と自然を味わいたい。

筑後平野を見下ろす女山史跡森林公園展望台

> 福岡を代表する藤の名所を五感で満喫。
> 満開の藤棚は、まるで紫色の滝が流れ落ちるよう。

中山熊野神社境内にある樹齢約300年の歴史を持つ名木で、福岡県の天然記念物に指定。藤棚の広さは約350坪で、満開時には、一面が紫色の花々に包まれる。この大藤はこの地で酒造業を営んでいた男性が上方見物の際に「野田の藤」の種を持ち帰り、植えたのが起源と伝えられている。「野田の藤」は2024年に発行された新五千円札のデザインに使用されている。例年、藤の開花時期には、神社と「立花いこいの森公園」で「中山大藤まつり」が開催され、ジャズライブや苗木の配布など、さまざまなイベントが楽しめる。

ACCESS
アクセス

福岡空港
↓ 車で72分
太宰府IC
↓ 車で40分
八女IC

八女ICから国道209号などを経由し、車で15分。または九州新幹線や鹿児島本線が停車するJR筑後船小屋駅からタクシーで7分。

INFORMATION
問い合わせ先

柳川市観光課 ☎0944-73-8111
みやま市観光開発協議会
☎0944-62-6161

DATA
観光データ

所 福岡県柳川市三橋町中山538-1(中山熊野神社境内) 開 藤棚ライトアップ21:00消灯、物販9:00〜17:00 休 まつり期間中無休 料 環境整備協力金100円(まつり期間中) P あり

BEST TIME TO VISIT
訪れたい季節

春の4月中旬〜下旬。藤の花が満開を迎え、「中山大藤まつり」が開催されるこの時期を狙って訪れたい。まつり期間中は、「中山の大藤」と「清水山ぼたん園」を結ぶ無料シャトルバスも運行されるので、ボタンも併せて楽しめる。

山と海の花々

神社の石橋にかかる藤のアーチは見事。絶好のフォトスポットなので、必ず写真に収めたい

夜には藤棚がライトアップされ、昼間とは違った幻想的な美しさを楽しむことができる

周辺のスポット

清水寺
きよみずでら

清水山にたたずむ古刹
日本庭園も必見

MAP P.14-[1]

約1200年前に建立されたと伝わる由緒ある天台宗の寺院。境内には室町時代に雪舟が造ったといわれる、見事な本坊庭園がある。
☎0944-63-7625 所 九州自動車道・みやま柳川ICから4km 所 福岡県みやま市瀬高町本吉1119-1 開 本坊庭園9:00〜17:00 休 本坊庭園毎月18日 料 本坊庭園300円 P あり

天保7年(1836)に落成した三重塔。荘厳な姿が印象的

清水山ぼたん園
きよみずやまぼたんえん

MAP P.14-[2]

約3000㎡の回遊式庭園に、約2500本のボタンが咲き乱れる花スポット。
交 九州自動車道・みやま柳川ICから2km 所 福岡県みやま市瀬高町本吉1115-4 開 9:00〜17:00 休 期間中無休 料 400円 P あり

4月中旬〜下旬のぼたん祭りで一般開放される

80種のボタンが華やかに咲く

宮崎県 MAP P.189 E-2

生駒高原
いこまこうげん

向こうに生駒富士が見える
さわやかな高原に広がる花の絨毯

霧島連山を背景に、四季折々の花が咲き誇る。
広大な花畑に囲まれると、まるで絵画の中に入り込んだかのよう。

えびの高原から小林市方面に向かう途中にある標高約550m、広さ12万㎡の生駒高原。生駒富士と呼ばれる夷守岳(ひなもりたけ)を背景に、春はネモフィラやポピー、秋はコスモスが咲き誇り、感動的な光景が広がる花の名所として知られる。春のはなフェスタや秋のコスモス祭りなど、花の見頃にはイベントも開催され、多くの人々で賑わう。周辺にはこだわりのコーヒーを提供するカフェのほか売店などもあり、休憩しながらゆっくりと散策が楽しめるのも魅力のひとつ。人気の生駒高原濃厚ソフトクリームもぜひ味わおう。

春は約40万本のネモフィラが一面に咲き、青い絨毯のよう。ポピーも見られる

花の見頃
10月上旬～中旬

約100万本のコスモスが見渡す限り埋め尽くす秋の生駒高原。よく目にするコスモスのほかキバナコスモスも見られる。

秋には約100万本のセンセーションコスモスやキバナコスモスなどのコスモスが一帯に咲く

ACCESS
アクセス

鹿児島空港
↓ 車ですぐ
溝辺鹿児島空港IC
↓ 車で35分
小林IC

小林ICからえびのスカイラインを通り、車で7分。鉄道駅から連絡するバスはないが、霧島温泉郷方面からは霧島連山周遊バスが運行しており、丸尾バス停からえびの高原まで30分。

INFORMATION
問い合わせ先

花の駅 生駒高原 ☎0984-27-1919
えびのエコミュージアムセンター
☎0984-33-3002

DATA
観光データ

所 宮崎県小林市南西方8565-28
開 9:00～17:00(季節により変動あり)
料 600円(季節により変動あり) 休 無休
P あり

BEST TIME TO VISIT
訪れたい季節

春から秋にかけて、高原をカラフルな花々が覆う季節に訪れたい。4月下旬～5月中旬はポピー、6月はアジサイが美しく咲き、9月中旬からはもこもことしたフォルムのコキアが赤く色づく時期。10月のコスモスももちろん見逃せない。

山と海の花々

周辺のスポット

えびの高原
えびのこうげん

火山が生んだ豊かな自然

MAP **P.17**

霧島連山の最高峰、韓国岳の裾野に広がる高原。日本初の国立公園に指定された霧島錦江湾国立公園の一部で、今も噴煙を上げる硫黄岳や火山湖、そこに息づく高山植物などを見ることができる。

交 九州自動車道・えびのICから20km 所 宮崎県えびの市 開休料 見学自由 P あり

初夏にはミヤマキリシマが山一面を覆う

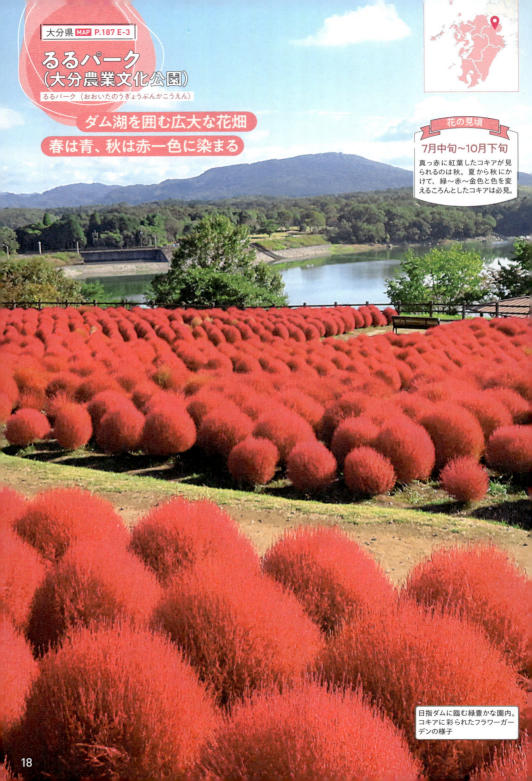

大分県 MAP P.187 E-3

るるパーク
(大分農業文化公園)
るるパーク（おおいたのうぎょうぶんかこうえん）

**ダム湖を囲む広大な花畑
春は青、秋は赤一色に染まる**

花の見頃

7月中旬～10月下旬

真っ赤に紅葉したコキアが見られるのは秋。夏から秋にかけて、緑～赤～金色と色を変えるころんとしたコキアは必見。

日指ダムに臨む緑豊かな園内。コキアに彩られたフラワーガーデンの様子

> 豊かな自然のなかでさまざまな体験が楽しめる公園にある、広いフラワーガーデン。あたり一面を埋め尽くす季節ごとの花絶景に出会える場所。

宇佐市と杵築市にまたがる約120haの広大な敷地を有し、知る・遊ぶ・憩うをテーマにした公園。日指ダム湖を囲むように広がる園内には、ハーブガーデンや果樹園、全長35mのすべり台があるレイクサイドキャッスル、ミニ動物園、キャンプ場など多彩な施設が点在。広さ約5000㎡のフラワーガーデンでは、春は鮮やかなネモフィラがガーデンを青く染め、夏は緑のコキアが広がり、秋になると真っ赤に表情を変える。収穫体験や陶芸体験などもあり、自然とふれあいながら、さまざまな体験ができる魅力的なスポットだ。

広大な丘一面が青い絨毯のように染まる3〜5月のネモフィラ畑は、るるパークの春の風物詩

ACCESS
アクセス

大分空港
↓ 車で30分
速見IC
↓ 車で7分
大分農業文化公園IC

大分農業文化公園ICから県道42号経由で正面ゲートまで2分。県道627号経由で東ゲートまで4分。電車の場合はJR中山香駅またはJR豊後豊岡駅からタクシーで20分。広大な園内の移動は有料のレンタサイクルやトラムカーの利用が便利。

INFORMATION
問い合わせ先

るるパーク(大分農業文化公園)
☎0977-28-7111

DATA
観光データ

所 大分県杵築市山香町日指1-1 開 9:30〜17:00(7〜8月は〜18:00、12〜2月は10:00〜16:00) 休 火曜(4・10月は無料) 料 無料 P あり

BEST TIME TO VISIT
訪れたい季節

春のネモフィラ、秋のコキアはぜひ見ておきたい景色。この2種類以外にも、コスモス、椿、梅、桜、水仙、ポピーなどのさまざまな花が一年中園内を彩っているので、どの季節に訪れても楽しい。

周辺のスポット

宇佐神宮
うさじんぐう
MAP P.19

全国に約4万余社ある八幡社の総本宮。神亀2年(725)、現在の地に御殿を造営して八幡神を祀る。広大な境内には上宮と下宮の2つの神域があり、上宮に鎮座する本殿は国宝指定。

☎0978-37-0001 交 東九州自動車道・宇佐ICから7km 所 大分県宇佐市南宇佐2859 開 6:00〜18:00 休 無休 料 無料 P あり

全国にある
八幡様の総本宮

南中楼門(勅使門)の奥に本殿があり、通常はこの門の前で参拝する

檜皮葺き屋根を持つ朱塗りの呉橋。10年に一度、勅祭でのみ使用

山と海の花々

花の見頃
5月上旬～7月下旬

博多湾を望む広大なマリーゴールド畑。青い空に青い海、そして2色のマリーゴールドが描くコントラストはまさに絶景。

ゆるやかな斜面に5万株ものマリーゴールドが咲く。レモンイエローから濃いオレンジへのグラデーションが見事

> 福岡市内から船で10分で行けるリゾートアイランド。カラフルな花畑と青い海を眺めて一日のんびり過ごしたい。

都会の人々を自然で癒やしたいとの創業者の想いから、高度成長期に人工物を排して造られた、のこのしまアイランドパーク。アクセスの良さもあり、家族連れのみならず、学生定番の遠足先でもあり、近年は海外の観光客も多い。約15万㎡の敷地は一年を通してさまざまな花が咲くよう設計されている。随所に花が咲き乱れる自然豊かな園内には、遊具やミニ動物園、宿泊施設、レストランなどレジャー施設がひととおり揃っている。陶芸や絵付け体験、古民家の売店や駄菓子屋など大人も楽しめる施設も豊富だ。

ACCESS
アクセス
福岡空港
↓ 車で15分
愛宕出入口
↓ 車で7分
姪浜渡船場
↓ フェリーで10分
能古渡船場

能古渡船場から西鉄バスアイランドパーク行きで13分。博多バスターミナルから姪浜渡船場までは、西鉄バス能古渡船場行きで40分、終点下車。

INFORMATION
問い合わせ先
のこのしまアイランドパーク
📞 092-881-2494

DATA
観光データ
所 福岡県福岡市西区能古島 開 9:00～17:30(日曜、祝日は～18:30) 休 無休
料 1500円 P 姪浜渡船場駐車場利用

BEST TIME TO VISIT
訪れたい季節
一年を通してさまざまな花が公園を彩り、華やかな景色が楽しめるのこのしまアイランドパーク。なかでもおすすめは、海の青と相性がいいマリーゴールドの季節。その壮大なスケールは、訪れる人々を圧倒するほど。

周辺のスポット

福岡きっての人気夜景スポット

鷲尾愛宕神社
わしおあたごじんじゃ
MAP P.21

境内の展望デッキからきらめく夜の街を一望

西暦72年創建と伝わる福岡随一の古社で、幸福を呼ぶパワースポットと評判。標高68mの愛宕山頂にあり、博多湾や市街地を一望できる。日本三大愛宕のひとつ。
📞 092-881-0103 交 福岡都市高速・愛宕出入口から1km 所 福岡県福岡市西区愛宕2-7-1 開 休 料 境内自由 P 50台

山と海の花々

佐賀県 MAP P.186 C-3

御船山楽園
みふねやまらくえん

数十万本の花や木々の楽園
御船山の自然とツツジの競演

花の見頃
4月中旬～5月上旬

クルメツツジやキリシマツツジなど約5万本のツツジが満開に。そばだつ御船山を背に、色彩豊かな風景をつくり出す。

池の水面プロジェクションや巨石のインスタレーション作品、光り輝くつつじ谷などが楽しめる

> 伝統的な日本庭園や花が見せる美しさのみならず、近代的なアートとのコラボレーションも楽しめる。

岩肌もあらわにそそり立つ絶壁は昔、神功皇后が朝鮮半島からの帰りに船をつないだとされる御船山。御船山楽園は、武雄領主・鍋島茂義が御船山の麓に弘化2年（1845）に完成させた池泉回遊式庭園が起源だ。樹齢3000年以上を誇る大楠をはじめ、花や緑が50万㎡という広大な敷地を埋め尽くす。日本の伝統的な庭園美を感じることができ、国の登録記念物にも登録されている。園内には茶屋があり、お茶や軽食を楽しむことも。世界的テクノロジスト集団「チームラボ」が手がけるデジタルアートプロジェクトも必見。

特にツツジと紅葉の名所として知られる。初夏の御船山山麓は色とりどりのツツジと新緑が美しい

ACCESS
アクセス

福岡空港
↓ 車で15分
太宰府IC
↓ 車で45分
武雄北方IC

武雄北方ICから武雄バイパスなどを経由し、車で10分。佐世保線と西九州新幹線が停車するJR武雄温泉駅からは祐徳バス武雄線で5分、下西山下車、徒歩15分。御船山楽園ホテルに宿泊する場合は無料送迎あり（要予約）。

INFORMATION
問い合わせ先

御船山楽園ホテル ☎0954-23-3131
武雄市観光協会 ☎0954-23-7766

DATA
観光データ

所 佐賀県武雄市武雄4100 開 8:00～17:00 休 無休 料 500円 P あり

BEST TIME TO VISIT
訪れたい季節

約2000本の桜が咲き終わると、ツツジが園内を彩る春。チームラボによる圧巻のデジタルアートプロジェクトで、幻想的な世界が体感できる夏。樹齢170年の大モミジをはじめ、御船山の麓が錦に染まる秋。春から秋にかけ、どの季節もそれぞれ違った魅力があるので、見たい景色に合わせて訪れてみて。

山と海の花々

1300年以上の歴史を持つ武雄温泉を堪能

1300年前の『肥前国風土記』にも記されているほど歴史ある温泉地。武雄温泉のシンボル・朱色の楼門は、国の重要文化財に指定されている。

楼門の奥にはノスタルジックな大衆浴場がある

武雄温泉 楼門
たけおおんせんろうもん

MAP P.22

所 佐賀県武雄市武雄町 交 JR武雄温泉駅から徒歩13分 開 休 料 見学自由 P 周辺駐車場利用

23

宮崎県 MAP P.189 F-2

西都原古墳群
さいとばるこふんぐん

季節の到来を古墳にささやく花々
古代ロマンあふれる史跡

花の見頃

7月中旬～8月上旬

7月中旬頃に見頃を迎えるのはひまわり。背が低く小ぶりな花が特徴。約100万本が咲き誇るひまわり畑は圧巻。

併設の博物館で古墳の歴史を学ぶ

西都原古墳群は1700～1400年前の地域の中心的な勢力の拠点だったと考えられ、現在も発掘調査や研究が続けられている。博物館では古墳時代を中心とした考古学を学ぶことができ、古代生活体験館では、まが玉作りや火おこしなどの体験も可能。

宮崎県立西都原考古博物館
みやざきけんりつさいとばるこうこはくぶつかん
MAP P.25

☎0983-41-0041 交東九州自動車道・西都ICから8km 所宮崎県西都市三宅5670 開9:30～17:30 休月曜(祝日の場合は翌日) 料無料 Pあり

3階テラスから古墳を一望できる

出土品の展示を行うほか、資料に直接さわれる「ハンズ・オン展示」も

> 四季折々の花が咲き誇る、300以上の古墳群。
> 歴史と豊かな自然が織りなす風景を楽しめる場所。

国内最大の帆立貝形古墳・男狭穂塚や九州最大級の前方後円墳・女狭穂塚など、南北約4.2km、東西約2.6kmにわたって300基以上の古墳群を有する西都原。その規模と数から古代の有力な勢力が存在していたことをうかがい知ることができ、国の特別史跡に指定されている。出土品を展示する宮崎県立西都原考古博物館では古墳時代の謎に迫り、歴史ロマンを感じることができる。春には桜と菜の花、夏にはひまわり、秋にはコスモスと、季節ごとに周辺を彩る花々も魅力で、古墳と花の競演は絵になる風景だ。

ACCESS アクセス

宮崎ブーゲンビリア空港
↓ 車で7分
宮崎IC
↓ 車で25分
西都IC

西都ICから国道219号、県道318号経由で15分。JR宮崎駅から宮崎交通バス西都バスセンター行きで1時間、終点下車、タクシーで10分。

INFORMATION 問い合わせ先
西都市観光協会 ☎0983-41-1557

DATA 観光データ
所 宮崎県西都市三宅西都原 開 24時間(考古博物館休館日は古墳の内部見学不可) 休 無休 料 無料 P あり

BEST TIME TO VISIT 訪れたい季節

桜と菜の花の共演が楽しめる春が、気候もよく人気のシーズン。淡いピンクと鮮やかな黄色のコントラストは訪れる人を魅了する。ひまわりの黄色い絨毯が広がる夏や、カラフルなコスモスと紅葉のコラボレーションが美しい秋もおすすめ。毎年11月には古墳まつりが開催され、各種イベントが行われるほか、普段は立ち入ることができない御陵墓が一般公開され、見学することができる。

山と海の花々

春には約2000本の桜と約30万本の菜の花が咲き、毎年3月末には西都花まつりが開催される

古墳群一帯は公園として整備され、たくさんの花が園内を彩る。見頃は2週間ほどなので、開花状況を確認しよう

秋にはコスモスが咲き、四季折々に訪れる人の目を楽しませてくれる

長崎県 MAP P.186 C-4

野母崎 水仙の丘
のもざきすいせんのおか

甘い香りで包むように
軍艦島を見晴らす丘を埋める

12月下旬〜1月中旬にかけて、丘一面に水仙が見事に咲き誇り、美しい花と甘い香りがあたり一体を包む

水仙の白と海の青のコントラストが美しく、心が洗われるような景色が広がる丘。水仙の甘い香りに包まれながら、歴史ロマンを感じる軍艦島を望む。

長崎半島の南端「長崎のもざき恐竜パーク」内にあり、約1000万本の水仙が咲き誇る絶景スポット。北側展望所からは田の島や軍艦島を一望でき、西側展望所からは野母漁港の街並みを見渡せる。環境省の「かおり風景100選」にも選ばれており、水仙の甘い香りがあたりを漂い、視覚だけでなく嗅覚でも訪れる人を楽しませてくれる。毎年1月中旬〜2月上旬には「のもざき水仙まつり」が開催され、さまざまなイベントが楽しめる。6月上旬〜7月上旬には約2000株のアジサイが見頃を迎え、梅雨の丘を彩る。

ACCESS
アクセス

長崎空港
↓ 車で15分
大村IC
↓ 車で30分
長崎IC

長崎ICから県道51・237号、国道499号を経由して、車で35分。長崎駅前南口バス停から長崎バス樺島行きで1時間、恐竜パーク前下車すぐ。

INFORMATION
問い合わせ先

野母崎インフォメーションセンター
095-898-8009

DATA
観光データ

所 長崎県長崎市野母町562-1 開休料 見学自由(インフォメーションセンターは9:00〜17:00) P あり

BEST TIME TO VISIT
訪れたい季節

水仙を見るなら12月下旬〜1月中旬。一面に咲き乱れる可憐な花と甘い香りを楽しむことができる。開花期に開催される「のもざき水仙まつり」では、数量限定で水仙の花束のプレゼントも。3つの小高い丘にある展望台からの絶景も見逃せない。

大分県 MAP P.187 E-4

くじゅう花公園
くじゅうはなこうえん

心地よい風の高原を
季節の花が鮮やかに染める

10種類を超える春の花がパッチワークのように大地を彩る「春彩の畑」。見頃は4月下旬〜5月下旬

山と海の花々

約500種500万本の花が咲き乱れる広大な園内には、レストランやショップが充実。休憩を挟みながらゆっくり花の美しさを楽しみたい。

阿蘇くじゅう国立公園内、久住高原の標高約850mに位置し、約22万㎡を誇る広大な敷地に、春のチューリップやネモフィラ、夏のラベンダー、秋のサルビアなど季節の花が咲き乱れる。敷地内には、イングリッシュガーデンやローズガーデンなど、多彩なテーマの庭園が造られ、くじゅう連山を背景に、雄大な自然と花の共演を楽しむことができる。ワークショップやマルシェなど、季節ごとにさまざまなイベントも開催。園内にはレストランやカフェもあり、久住産の生乳を使ったソフトクリームなども味わえる。

ACCESS
アクセス

大分空港
↓ 車で30分
速見IC
↓ 車で25分
九重IC

九重ICから県道40号、国道442号を経由して、車で50分。阿蘇くまもと空港からはやまなみハイウェイなどを走り、車で1時間20分。

INFORMATION
問い合わせ先
くじゅう花公園 ☎0974-76-1422

DATA
観光データ
所 大分県竹田市久住町久住4050 開 8:30〜17:30 休 12〜2月、シーズン中無休 料 500〜1300円（季節により異なる） P あり

BEST TIME TO VISIT
訪れたい季節

春はチューリップや人気のネモフィラ、パッチワークのような景色が楽しめる春彩の畑などが美しい季節。夏はひまわりやラベンダー、秋はマリーゴールドやサルビア。通年楽しめるローズガーデンなどもあり、冬でも楽しめるのが魅力。各四季折々に訪れたい。

COLUMN

初夏にさわやかな風が吹く
緑に癒やされるスポット

人が木々を植え手を加えて整備することで、より美しい自然が楽しめる場所になる。
そんな施設や原生林に囲まれた渓谷など、そこにいるだけで心身ともに癒やされる空間へ。

敷地内の風遊山荘では、漆の卓に新緑や紅葉が映り幻想的な景色を描く

初夏は新緑、秋は紅葉が楽しめる
環境芸術の森
かんきょうげいじゅつのもり

作礼山中腹にある約10haの敷地内に、約40年かけて築かれた1万本超のモミジの森。池や小川、木橋のある森を散策しながら、昔の森の環境を体験できる。

佐賀県 MAP P.186 C-3

☎0955-63-2433 交厳木多久有料道路・牧瀬ICから6km 所佐賀県唐津市厳木町平之667 時9:00〜16:00 休不定休 料有料(時期により異なる) Pあり(シーズン中は有料)

樹々と語り名画と語る美術館
児玉美術館
こだまびじゅつかん

入口から施設まで200mのアプローチは竹林や小川などのある遊歩道で、四季折々の自然を満喫できる。初代館長が収集した郷土の近・現代絵画や陶器などを展示。

鹿児島県 MAP P.189 D-3

☎099-262-0050 交九州自動車道・鹿児島ICから16km 所鹿児島県鹿児島市下福元町8251-1 時10:00〜16:00 休月曜(祝日の場合は翌日) 料800円 Pあり

杉や檜、竹林、梅林をはじめ、栗や楓などの樹木に癒やされる美術館

樹林に囲まれた渓谷は、五重の滝ほか3つの滝がある貴重な空間

一帯は300種類もの苔の宝庫
猪八重渓谷
いのはえけいこく

日本有数の照葉樹林と滝群のある風景林。片道約3kmの遊歩道が整備され、森を活用しセルフケアする北郷森林セラピー基地の代表的なウォーキングコースになっている。

宮崎県 MAP P.189 F-3

☎0987-55-2111(日南市北郷町地域振興センター) 交東九州自動車道・日南北郷ICから5km 所宮崎県日南市北郷町郷之原猪八重 時休料見学自由 Pあり

パワースポットの聖地

人々に気力と癒やしを与えるパワースポット。
神社仏閣などの建物や霊山、自然そのものなど
その対象は多岐にわたる。
神仏への畏敬の念を持って、祈りを捧げよう。

熊本県 MAP P.189 D-2

倉岳神社
くらたけじんじゃ

青く輝く天草の島と海
天空に浮かぶ鳥居

パワースポットの聖地

天空の鳥居からの眺めは開放感抜群。青い海に浮かぶ島々と360度のパノラマが楽しめる

> 天草諸島最高峰・標高682mに立つ空に浮かぶような鳥居。
> 天草の美しい海と島々を眺めキリシタンの歴史を思う。

雲仙天草国立公園内、地域の人々に古くから親しまれてきた霊山で、天草のシンボル的な存在の「倉岳」。山頂にあるのが、地元住民からご神体と仰がれる倉岳神社だ。漁や航海の安全を祈願して建てられ、現在の祠は1800年代初頭から中期にかけて再建されたもの。境内からは周辺の穏やかな海と島々を一望でき、SNS映えするパワースポットとして人気で、「天空の鳥居」と呼ばれることも。急峻で狭い山道だが山頂付近まで車で上ることが可能。天草周辺には教会が点在するので、併せて訪れるのもいい。

倉岳神社には航海や漁の安全を願って、石でできた舟・石舟が奉納されている

倉岳神社から車で約2時間の、昭和9年(1934)に創建された﨑津教会。内部は畳敷き

天草五橋がつなぐ島と海

天草パールライン
あまくさパールライン
MAP P.32- 1

大小の美しい島々が点在する風光明媚な天草を5つの橋で結ぶ。1号橋から5号橋まで変わりゆく景色を楽しみながら、爽快なドライブを約30分楽しめる。サイクリングで橋を巡る観光もおすすめ。

ACCESS
アクセス

阿蘇くまもと空港
↓ 車で15分
益城熊本空港IC
↓ 車で15分
松橋IC

松橋ICから国道218・266号、県道290・59号などを経由して車で50分。国道266号から急カーブの続く細い道を進むと麓の駐車場に到着。ここからは徒歩10分ほどの山道を登る。倉岳神社にも駐車場はあるが、狭い。

INFORMATION
問い合わせ先

天草市観光振興課
0969-32-6787
上天草市観光おもてなし課
0964-26-5512
天草宝島観光協会 0969-22-2243
﨑津集落ガイダンスセンター
0969-78-6000
天草四郎観光協会 0964-56-5602

DATA
観光データ

所 熊本県天草市倉岳町 開休 見学自由 P 麓15台、倉岳神社4台

BEST TIME TO VISIT
訪れたい季節

どの季節に訪れても絶景を眺められるが、冬は道路の凍結などに注意。

TRAVEL PLAN 🚗

有明海、八代海、天草灘に囲まれた天草諸島は大小120もの島々からなる。まずは天草パールラインを通り上島の標高682mの倉岳山頂に建つ倉岳神社へ。

COURSE

- 8:00 松橋IC
  ↓ 車で2時間
- 10:00 倉岳神社
  ↓ 車で1時間30分
- 12:30 妙見浦
  ↓ 車で15分
- 13:00 大江教会
  ↓ 車で12分
- 14:00 﨑津教会
  ↓ 車で1時間15分
- 16:00 高舞登山
  ↓ 車で1時間10分
- 17:30 松橋IC

倉岳神社
くらたけじんじゃ

眼下に広がる天草の多島美を大パノラマで堪能

天草西海岸を代表する景勝

十三仏公園から見た岩礁はぞうさん岩と呼ばれる

妙見浦
みょうけんうら

MAP P.32-②

国指定の名勝、天然記念物であり、高さ20～80mの断崖が続く海岸線が豪快な景観を描く。十三仏公園の夕日は「天草夕陽八景」のひとつで撮影スポットとしても人気。天草西海岸の代表的な景勝地だ。

🚗天草空港から35km 📍熊本県天草市天草町下田南 🕘休見学自由 🅿あり

丘の上に建つ白亜の教会

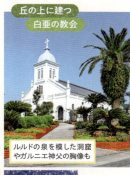

ルルドの泉を模した洞窟やガルニエ神父の胸像も

大江教会
おおえきょうかい

MAP P.32-③

多くの潜伏キリシタンが信仰を守った天草で、キリスト教解禁後に建てられた教会。

🚗天草空港から45km 📍熊本県天草市天草町大江1782 🕘9:00～17:00 休無休(教会行事による臨時休業あり) ¥無料 🅿あり

﨑津教会
さきつきょうかい

MAP P.32-④

世界文化遺産「天草の﨑津集落」に建つ重厚なゴシック様式の教会。江戸時代、弾圧を受けながらも信仰を守り続けたキリシタンの歴史がある。尖塔と白い十字架が印象的。

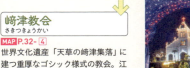

冬季には夜間イルミネーションによるライトアップが行われる

🚗天草空港から40km 📍熊本県天草市河浦町﨑津539 🕘9:00～17:00 休無休 ¥無料 🅿﨑津集落ガイダンスセンター駐車場利用

LUNCH

物産館にレストラン、温泉も！
道の駅 有明リップルランド
みちのえき ありあけりっぷるランド

MAP P.32-⑤

📞0969-53-1565 🚗天草空港から20km 📍熊本県天草市有明町上津浦1955 🕘施設により異なる 休無休(温泉は水曜) ¥温泉600円 🅿あり

特産のタコを使った商品や料理が勢揃い

天草の漁村を見守る海の教会

ステンドグラスが美しく輝く「海の天主堂」

高舞登山
たかぶとやま

MAP P.32-⑥

夕景なら天草松島随一

標高117mにある展望所からは天草松島の多島美のほか、遠く雲仙まで見渡せる。国指定の名勝でもあり、彼方に沈む夕日は自然が織りなす芸術品そのもの。

🚗天草空港から38km 📍熊本県上天草市松島町阿村 🕘休見学自由 🅿あり

「日本の夕陽百選」に選定された夕景を望む

パワースポットの聖地

宮崎県 MAP P.189 F-1

高千穂峡
たかちほきょう

目に眩しい山の緑を映す深い谷
山間や山峡に神々の気配

高千穂峡を代表する名所・真名井の滝は神話にゆかり深い名瀑。川幅が狭く、岩壁と滝が両側に迫って神秘的な美しさに圧倒される

> 天照大御神の孫・邇邇芸命が降り立ったとされる高千穂は日本神話のふるさと。フォトジェニックな風景とパワースポットの宝庫だ。

九州を代表するパワースポットとして知られる高千穂峡。約12万〜9万年前という太古の昔、阿蘇山噴火によって流出した火砕流が急激に冷え固まってできた柱状節理を五ヶ瀬川が浸食してできた谷だ。平均80mという切り立った崖が約7kmにわたって続き、国の名勝・天然記念物にも指定されている。日本神話の神々が初めて降り立ったとされる「天孫降臨」の地ともいわれ、この地域には今も神々の気配が濃厚に漂う。荒々しい岩肌の峡谷や秋の雲海、天安河原の洞窟といった風景もどこか神秘的。

清らかな川沿いの遊歩道。散策の所要は約30分で、由緒ある池や橋など見どころも点在

貸しボートでの遊覧は、観光客に人気のアクティビティ

11〜2月にかけて奉納される夜神楽。旅行者向けに通年毎夜催される高千穂神楽も人気

ACCESS
アクセス

宮崎ブーゲンビリア空港
↓ 車で7分
宮崎IC
↓ 車で1時間20分
延岡IC

延岡ICから国道218号、県道203号を経由して、車で45分。阿蘇くまもと空港からは車で1時間30分。ボート乗り場に近い第1御塩井(おしおい)駐車場のほか、5つの駐車場がある。JR延岡駅からは宮崎交通バス高千穂バスセンター行きで1時間30分、終点下車すぐ。

INFORMATION
問い合わせ先

高千穂町観光協会 ☎0982-73-1213
高千穂町企画観光課
☎0982-73-1212

DATA
観光データ

所 宮崎県高千穂町三田井御塩井 開休 料 見学自由 P あり(有料・無料)

BEST TIME TO VISIT
訪れたい季節

年間を通して美景を見ることができるが、新緑が美しい4〜5月頃と、紅葉で木々が色づく11月頃は特に人気。また、冬季に奉納される夜神楽は有名で、多くの観光客が訪れる。

TRAVEL PLAN

九州山地のほぼ中央に位置し、神話の里として知られる高千穂をドライブ。国見ヶ丘や高千穂神社など、八百万の神々ゆかりのパワースポットを周遊したい。

国見ヶ丘
くにみがおか
MAP P.36-①

神武天皇の孫・建磐龍命が九州統治の際、ここで国見をしたという伝説が残る。阿蘇五岳や祖母連山、高千穂盆地が見渡せ、雲海の名所としても知られる。

🚌高千穂バスセンターから5km 所宮崎県高千穂町押方 開休料見学自由 Pあり

神々をも魅了した絶景の丘

標高513m。展望の良さでは高千穂トップクラス

COURSE

9:00	延岡IC
↓	車で45分
9:45	国見ヶ丘
↓	車で10分
10:15	高千穂峡
↓	車で5分
12:00	高千穂神社
↓	車で15分
14:00	天岩戸神社
↓	徒歩すぐ
14:40	天安河原
↓	車で20分
15:30	青雲橋
↓	車で30分
16:30	延岡IC

高千穂峡
たかちほきょう

手漕ぎの貸しボートから見上げる真名井の滝は迫力満点

高千穂神社
たかちほじんじゃ
MAP P.36-②

高天原より降臨した邇邇芸命をはじめとする日向3代とその配偶神を高千穂皇神と称し、祀っている。境内には夫婦杉や樹齢約800年の秩父杉などがある。

📞0982-72-2413 🚌高千穂バスセンターから1km 所宮崎県高千穂町三田井1037 開休料参拝自由 Pあり

荘厳な杜に鎮座する神社

本殿、鉄造狛犬、木造神像は、国の重要文化財

天岩戸伝説の舞台

ご神体の天岩戸をお参りには神職の案内が必要

天岩戸神社
あまのいわとじんじゃ
MAP P.36-④

天照大御神を祀る東本宮と、天照大御神が弟神である須佐之男命の乱暴な振る舞いを嘆いて籠もったという洞窟、天岩戸を遥拝する西本宮がある。

📞0982-74-8239 🚌高千穂バスセンターから7.5km 所宮崎県高千穂町岩戸1073-1 開休料参拝自由 Pあり

LUNCH

高千穂牛をリーズナブルに
焼肉 初栄
やきにく はつえい
MAP P.36-③

ミニステーキ定食3000円。肉厚でジューシー

📞0982-72-3965 🚌高千穂バスセンターから0.5km 所宮崎県高千穂町三田井10 営11:00〜14:00 17:00〜21:00 休月曜、ほか不定休 Pあり

八百万の神が集まった伝説の地

天照大神を祀る天岩戸神社西本宮から徒歩約10分

天安河原
あまのやすかわら
MAP P.36-⑤

洞窟に隠れた天照大神に出てきてもらうため、八百万の神が相談をした場所と伝わる。石が積まれた神秘的な光景が広がっている。

📞0982-74-8239(天岩戸神社) 🚌高千穂バスセンターから7.5km 所宮崎県高千穂町岩戸西本宮奥 開休料見学自由 P西本宮駐車場利用

青雲橋
せいうんばし
MAP P.36-⑥

五ヶ瀬川支流の日之影川に架かる国道218号の橋。高千穂側にはテラスを設置した道の駅 青雲橋があり橋を一望できる。

📞0982-87-2491(道の駅 青雲橋) 🚌高千穂バスセンターから10.5km 所宮崎県日之影町七折8705-12 Pあり

緑の峡谷をまたぐ大橋梁

長さ410m、水面からの高さが137mもある

パワースポットの聖地

宮崎県 MAP P.189 F-3
鵜戸神宮
うどじんぐう

太平洋に迫り出す岬の断崖
眼下に連なる奇岩の岩礁

パワースポットの聖地

参道から眺める日南海岸は圧巻。人の手が加えられていないさまざまな形の岩が自然のパワーを感じさせる

> 荒波が打ちつける日向灘に面した断崖絶壁に建つ迫力満点の神宮。
> 洞窟に鎮座する本殿を参拝し、運玉投げで運試し。

海を司る海神の娘・豊玉姫命の御子を主祭神とし、その誕生の地に造られた。豊玉姫命は出産の後海に帰ったが、育児のため両乳房を神窟にくっつけていったと伝わる。その「おちちいわ」から作られるおちちあめで主祭神は育ったといい、おちちいわは安産、育児信仰の拠り所に。また、崖下にある「霊石亀石」のくぼみに運玉を入れる「運玉投げ」は参拝客定番の運試しとなっている。そのほか洞窟の中に鎮座する朱塗りの鮮やかな本殿や崖に彫られた仏像、種々の形状の奇岩など、境内には多彩みどころが点在する。

鵜戸神宮周辺は、太平洋を一望できる絶景スポットとしても有名。特に、日の出や夕日は格別

島全体が境内となっている青島神社。「鬼の洗濯板」と呼ばれる奇岩群が島を囲んでいる

霊石亀石の窪みに男性は左手、女性は右手で運玉を投げ入れ、入ると願いが叶うとされる

ACCESS
アクセス

- 宮崎ブーゲンビリア空港
- ↓ 車で7分
- 宮崎IC
- ↓ 車で25分
- 日南東郷IC

日南東郷ICから県道434号、国道220号を経由して、車で20分。日南フェニックスロードを通る場合は宮崎ブーゲンビリア空港から車で25分。JR伊比井駅からは車で15分、JR日南駅からはタクシーで25分。鵜戸神宮から青島神社までは日南フェニックスロードを経由して、車で30分。

INFORMATION
問い合わせ先

鵜戸神宮 ☎0987-29-1001

DATA
観光データ

所 宮崎県日南市宮浦3232 開 6:00～18:00 休 無休 料 無料 P あり

BEST TIME TO VISIT
訪れたい季節

どの季節に訪れてもそれぞれ違った魅力があるが写真撮影をするなら、新緑の春と紅葉の秋がおすすめ。秋祭りが行われる時期には、地元の人々の活気あふれる様子も楽しめる。海水浴も合わせて楽しみたいなら夏。初詣の時期は、厳かな雰囲気が味わえる。

南国気分でドライブ

日南フェニックスロード
にちなんフェニックスロード

MAP P.40- 1

国道220号の宮崎市街から県最南端の都井岬までを結ぶ全長85kmの区間の通称。海岸線に沿うように延びる道からは、鬼の洗濯板や堀切峠など宮崎を代表する観光名所も見える。

→ P.152

周辺のスポット

青島神社
あおしまじんじゃ

MAP P.40-②

古くは聖なる島として鬼の洗濯板に囲まれた青島に鎮座する古社。海幸山幸の神話から彦火火出見命(山幸彦)と豊玉姫命のロマンスの地でもあり、縁結びや安産の神様として人気が高い。

☎0985-65-1262 JR青島駅から1km
宮崎県宮崎市青島2-13-1 参拝自由(授与所8:30〜日没) なし

波のような形をした奇岩が幾重にも連なる「鬼の洗濯板」

聖なる島・青島に鎮座する真っ赤な社殿

朱塗りの社殿が鮮やか。境内はハート形の絵馬奉納所などの多彩な願掛け祈願スポットがある

パワースポットの聖地

佐賀県 MAP P.186 C-4
大魚神社の海中鳥居
おおうおじんじゃのかいちゅうとりい

誘われる幻想の世界
海の中に立つ3基の鳥居

鳥居は岸から約200mの海中に建設されている。満潮時は上部まで海面が上昇し、干潮時には鳥居の下を歩けるほど干満の差が大きい

潮の満ち引きによって姿が現れたり隠れたりする鳥居。
その神秘的な姿は、人々の心を癒やし、感動を与える。

太良町は「月の引力が見える町」と呼ばれ、干満差は日本最大級の6m。多良岳と沖ノ島を結ぶ直線状に配置されている鳥居は満潮時には海に沈んでいるが、干潮時には姿を現し、まるで海から現れたよう。季節や天候によってさまざまな表情を見せる海中鳥居の神秘的な光景は多くの人々を魅了している。約300年前、島に置き去りにされた代官が大魚に助けられ、その恩返しとして建立したといわれている。木造の鳥居を約30年に一度、新しく建て直す習わしがあり、現在の鳥居は2024年に建てられたもの。

鳥居の彼方から太陽が昇る様子も神々しい。満潮時は海面に浮かんでいるような光景が

周辺のスポット

祐徳稲荷神社
ゆうとくいなりじんじゃ
MAP P.43

伏見稲荷大社、笠間稲荷神社と並ぶ日本三大稲荷のひとつ。豪華で鮮やかな建物が並び、「鎮西日光（九州の日光東照宮）」とも評される。山の中腹にある本殿からの眺めが素晴らしい。

☎0954-62-2151 ❖JR肥前鹿島駅から5km ❖佐賀県鹿島市古枝乙1855 ❖休無 ❖参拝自由 ❖あり

日本三大稲荷のひとつ

本殿は山の中腹にあり、高さは地上18m。特に新緑や桜の季節は美しい

エレベーター（有料）とスロープで本殿に参拝

ACCESS
アクセス

福岡空港
↓ 車で15分
太宰府IC
↓ 車で45分
武雄北方IC

武雄北方ICからは国道498・207号などを経由し、車で40分。長崎空港からは国道444号、県道38号などを経由して、車で1時間。佐賀空港からは県道313号、国道444・207号などを経由し、車で1時間10分。長崎本線が停車するJR多良駅からは徒歩10分。

INFORMATION
問い合わせ先

太良町観光協会 ☎0954-67-0065

DATA
観光データ

❖佐賀県太良町多良1874-9先 ❖休無
❖見学自由 ❖あり

BEST TIME TO VISIT
訪れたい季節

周辺で桜まつりが行われる春や、空気が澄み渡り、海中鳥居がより際立って見える秋がおすすめ。日の出・日の入りの時間には、朝焼けや夕焼けの光が鳥居を照らし、より幻想的な雰囲気に。干潮・満潮の時間を確認し、見たい景色が見られる時間に合わせて訪れるのがポイント。

パワースポットの聖地

43

福岡県 MAP P.187 D-2

宮地嶽神社の光の道
みやじだけじんじゃのひかりのみち

海に向かって延びる参道
夕日を帯びて黄金に輝く

> 夕日が参道の延長線上に沈み、海まで続く光の道。
> 航空会社のCMで話題となった、神秘的な光景だ。

約1800年前に創建された神社。主祭神の息長足比売命(神功皇后)は、渡韓の際この地で開運を願ってから船出したといい、開運の神として信仰されている。神社正面の参道には「男坂」と言われる石段があり、その石段を登った先では参道が一直線に海へ伸びている様子が見られる。それだけでも美しいが、年に2シーズンの数日間のみ現れる、参道が夕日に照らされてキラキラと輝く「光の道」は特に神秘的。近年、CMの舞台になったことがきっかけで話題となり、その時期は多くの参拝客が訪れるようになった。

周辺のスポット

宗像大社 辺津宮
むなかたたいしゃ へつみや

MAP P.45

宗像大社の三宮の一つで、宗像三女神の一柱である市杵島姫神を祀る。第二宮・第三宮や、古代祭祀の姿がうかがえる高宮祭場、神宝館などが見どころ。平成29年(2017)には世界遺産に登録された。

☎0940-62-1311 ❖JR東郷駅から5km 所福岡県宗像市田島2331 開境内自由、神宝館9:00〜16:30(最終入館16:00) 休無休 料神宝館800円 Pあり

古の信仰を
現代に受け継ぐ

重要文化財の本殿・拝殿は安土桃山時代の再建。当時の特色がよく表れている

ACCESS
アクセス

福岡空港
↓ 車で20分
福岡IC
↓ 車で12分
古賀IC

古賀ICからは県道35号、国道495号などを経由して、車で20分。鹿児島本線在来線やリレーかもめなどの特急が停車するJR福間駅からは西鉄バス宮司団地・津屋崎橋行きで5分、宮地嶽神社前下車すぐ。

INFORMATION
問い合わせ先

宮地嶽神社 ☎0940-52-0016

DATA
観光データ

所福岡県福津市宮司元町7-1 開休料参拝自由 Pあり

BEST TIME TO VISIT
訪れたい季節

光の道が現れるのは、毎年2月と10月の20日前後のみ。夕焼け空と海、そして光の道のコラボレーションは、まさに絶景。この時期には「夕陽のまつり」が開催され、石段に拝観席が設置されるほか、限定の御朱印が頒布される。混雑が予想される時期は交通規制が行われることもあるため、事前の情報確認を忘れずに。

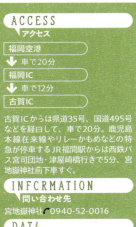

参道の先に見える相島(あいのしま)には古墳群があり、神社と関連があると考えられている

パワースポットの聖地

熊本県 MAP P.189 E-1

上色見熊野座神社
かみしきみくまのざじんじゃ

神秘を秘めた伝説の大風穴
苔むす森に抱かれた静寂の社

苔むす石段にずらりと並ぶ石灯籠は、まるで異世界への入口。
風が吹き抜ける巨大な岩穴を通れば、空気が一変する。

阿蘇五岳の東側、伊邪那岐命、伊邪那美命、石君大将軍を祀る神社。神殿へと続く参道には約100基もの石灯籠が並び、苔むした緑とのコントラストが広がる。神聖な空気が漂う独特の風景で、アニメの舞台にもなった。神殿の裏手には縦横10m以上の巨大な穴が開いている「穿戸岩」があり、鬼八法師が蹴破ったという伝説が残る。穴の中は特に荘厳な雰囲気に包まれており、パワースポットとして知られている。さらに神社の御神木「なぎ」は、葉が横に裂けにくいという特徴から縁結びにご利益があるとされる。

大岩を貫く大風穴「穿戸岩」。困難に打ち勝つ象徴とされ、合格必勝のご利益で知られる

まるで異世界への入口を思わせる参道。アニメ映画『蛍火の杜へ』の舞台にもなった

ACCESS
アクセス

福岡空港
↓ 車で15分
太宰府IC
↓ 車で1時間15分
熊本IC

熊本ICからは国道57・325・265号などを経由して車で1時間。阿蘇くまもと空港からは県道206・28号などを経由して、車で50分。南阿蘇鉄道高森駅からは九州産交バス高森中央行きで13分、上色見熊野座神社入口下車、徒歩3分。

INFORMATION
問い合わせ先
高森町政策推進課 ☎0967-62-1111

DATA
観光データ
所 熊本県高森町上色見2619 開休料
参拝自由 Pあり

BEST TIME TO VISIT
訪れたい季節

苔がいきいきと美しく見える梅雨の時期がおすすめ。雨の日は、雰囲気がより際立って◎。標高が高いので、夏でも比較的涼しく参拝可能。冬は雪が降ることもあるので、足元に注意。時間帯は、静かに過ごすなら、平日の午前中。写真を撮るなら逆光にならない時間帯がよいが、長時間占領するのはやめよう。

パワースポットの聖地

開放的な車内から阿蘇の絶景をパノラマで楽しめる南阿蘇鉄道のトロッコ列車「ゆうすげ号」

周辺のスポット

七夕やクリスマスのイベントも開催

夏涼しく、冬暖か
楽しく学べる公園

高森湧水トンネル公園
たかもりゆうすいトンネルこうえん
MAP P.47

中止した鉄道敷設計画のトンネルを利用した公園。トンネル内には、環境や歴史について学べる「湧水館」がある。
☎0967-62-3331 交 南阿蘇鉄道高森駅から1km 所 熊本県高森町高森1034-2 開 9〜18時(11〜3月は〜17時) 休 無休 料 300円 Pあり

トンネル内は湧水により約17℃に保たれている

福岡県 MAP P.186 C-3

桜井二見ヶ浦
さくらいふたみがうら

夕日の名所として知られる聖地
夫婦岩は縁結びのシンボル

桜井二見ヶ浦は櫻井神社の宇良宮

寛永9年(1632)に福岡藩2代藩主・黒田忠之が創建した。本殿の彫刻が鮮やかだ。森に続く石段を上ると、伊勢神宮とゆかりの深い神明造りの櫻井大神宮が現れる。

櫻井神社
さくらいじんじゃ

MAP P.48-[1]

災厄を祓い清めてくれる神様を祀る

☎092-327-0317 交西九州自動車道・今宿ICから12km 所福岡県糸島市志摩桜井4227 料参拝自由 Pあり

48

糸島エリアの海に立つ夫婦岩と海中大鳥居。
2つの岩の間に夕日が沈む様子は、まるで絵画のよう。

夏至の頃、高さ11.2mの女岩(左)と11.8mの男岩(右)の夫婦岩に夕陽が沈む美しい海岸。白い鳥居が映える

櫻井神社の宇良宮(裏宮)として祀られる神聖な場所。海岸から約150mの海中には、御神体岩「夫婦岩」が立つ。右は伊邪那岐命、左は伊邪那美命が鎮まるとされ、古くから崇敬されてきた。夏至には朝日の名所である伊勢の二見ヶ浦から太陽が昇り、この地の夫婦岩の間に夕日が沈むという幻想的な光景を見せる。夫婦岩の大注連縄は、毎年4月下旬〜5月上旬に氏子たちによって掛け替えられる。「日本の渚百選」にも選ばれた絶景スポットで、夫婦円満や安産祈願の名所としても知られている。

ACCESS
アクセス

福岡空港
↓ 車ですぐ
半道橋入口
↓ 車で20分
今宿IC

今宿ICからは県道567・54号を経由して、車で25分。筑肥線が停車するJR九大学研都市駅からは昭和バス西浦線で30分、二見ヶ浦下車すぐ。JR筑前前原駅から徒歩1分の糸島市観光協会ではレンタサイクルの貸し出しをしており、2時間900円。桜井二見ヶ浦までは1時間ほどかかるが、糸島観光に便利。

INFORMATION
問い合わせ先

糸島市観光協会 ☎ 092-322-2098

DATA
観光データ

所 福岡県糸島市志摩桜井 開休料 見学自由 P あり

BEST TIME TO VISIT
訪れたい季節

桜井二見ヶ浦を代表する絶景を見るなら、夏至の夕方。夫婦岩の間を夕日が沈む瞬間を撮影しようと、多くのカメラマンや見物客で賑わう。混雑を避けたいなら、ほかの季節でも美しい景色は十分に楽しめる。

パワースポットの聖地

周辺のスポット

芥屋の大門
けやのおおと
MAP P.48- 2

大門岬にある日本最大級の玄武岩洞窟。高さ64m、奥行き90mの洞窟が、玄界灘にぽっかり口を開けている。遊覧船から見学できるほか、岬の上の遊歩道には展望台がある。

交 JR筑前前原駅から11km 所 福岡県糸島市志摩芥屋520 開休料 見学自由 P あり

玄界灘と奇岩が織りなす景勝地

洞窟をすぐ近くで眺められる遊覧船もおすすめ

壁面には柱状の割れ目が連なる

COLUMN

着物がより映える和の美空間

カラフルな装飾がかわいいパワースポット

しっとりとした寺社仏閣の境内に生まれる、花や風鈴、風車などの色鮮やかな異世界。
風に揺られ、回転し、あるいは水に漂うカラフルな世界は見ているだけで爽快な気分に！

9月の連休には風鈴がライトアップされ、幻想的な光景が楽しめる

涼しげな姿と音に癒される

山王寺
さんのうじ

毎年5月〜10月上旬に「風鈴祭り」が開催される。約4000個のカラフルな風鈴が織りなす光景と美しい音色が人気だ。風鈴を購入し願い事を綴って奉納することもできる。

福岡県 MAP P.187 D-3

☎092-947-0278 ⊗九州自動車道・福岡ICから9km ⊕福岡県篠栗町篠栗2361 ⊕9:00〜18:00 ⊛無休 ⊕境内自由 ℗あり

カラフルな花手水で気分もアップ

四王子神社
しおうじじんじゃ

日本武尊を祀り、龍神様とつながる850年以上の歴史がある神社。四季折々の祭事が盛んで、特に季節の美しい花や植物を使った花手水が人気だ。これを楽しみに訪れる参拝者も多い。

熊本県 MAP P.189 D-1

☎090-8623-9687 ⊗九州自動車道・南関ICから22km ⊕熊本県長洲町長洲1274 ⊕⊛無休 ⊕境内自由 ℗あり

水に漂う生花の鮮やかな色合いやフレッシュさで、気分も運気も上がりそう

風車をはじめ、7月は風鈴、秋はぼんぼりが回廊に飾られ別世界をつくる

風車の動きと音が元気をくれる！

現人神社
あらひとじんじゃ

住吉三神を祀り、商売繁盛や恋愛成就のご利益で知られる。4月下旬〜6月に境内の回廊を1000本の風車が飾る。色鮮やかな風車が一斉に回り、音を奏でるさまは爽快。

福岡県 MAP P.187 D-3

☎092-952-2132 ⊗九州自動車道・太宰府ICから8km ⊕福岡県那珂川市仲3-6-20 ⊕⊛境内自由（授与所9:00〜17:00） ℗あり

きらめきの海

太陽の光を浴びてキラキラと輝く海。
青空を鏡のように反射するビーチや、
砂の波紋、田園、荒々しい地形。
その土地ならではの海景色に抱かれる。

福岡県 **MAP** P.187 D-2

かがみの海
かがみのうみ

遠浅の海を風が吹き過ぎれば
海は鏡となって天空を映す

きらめきの海

時間帯によって景色はさまざまに変わる。カメラを低く構えて地面すれすれから撮影するのがコツ。より幻想的な写真が撮れる

写真:(一社)ひかりのみちDMO福津

> 潮が引くと現れる、鏡のようなビーチが美しいとSNSで話題。
> 空と海が一体となった自然が生み出す奇跡の絶景に出会う旅へ。

福津市の西岸に福間海岸、宮地浜、津屋崎海岸と約3kmにわたり遠浅の砂浜が続く。干潮時、濡れた砂浜や潮溜まりの水面が空の色を映し、まるで鏡のような「かがみの海」が広がる。条件が揃うのは干満の差が大きい日の潮が引ききる前。風が穏やかな日には青い空や白い雲がそのまま水面に映り込み、空と海が一つになったような光景が広がる。日常では味わえない幻想的な写真が撮影できると、SNSなどで人気を集めている。公式サイトで潮の状況が公開されているので、事前に確認しておきたい。

朝焼けや夕焼けの時間帯は、特に美しい。広大な海を眺めながら心身をリフレッシュ

ACCESS
アクセス

福岡空港
↓ 車で20分
福岡IC
↓ 車で12分
古賀IC

古賀ICからは県道35号、国道495号などを経由して、車で18分。鹿児島本線在来線やリレーかもめなどの特急が停車するJR福間駅からは西鉄バス宮司団地・津屋崎橋行きで10分、津屋崎浜下車、徒歩5分。

INFORMATION
問い合わせ先

ひかりのみちDMO福津
📞 0940-62-5790
福岡市東区維持管理課
📞 092-645-1058

DATA
観光データ

所 福岡県福津市西福間、宮司浜4、津屋崎3　開休料 見学自由　P 各ビーチ駐車場利用

BEST TIME TO VISIT
訪れたい季節

一年を通して美しい光景を楽しめるが、比較的晴天率が高い春から夏にかけてが特におすすめ。この時期は日中の干潮時間が長く、かがみの海を長時間楽しむことができる。

海の真っ只中を走り抜ける

海の中道
うみのなかみち
MAP P.54-1

半島の名がそのまま、半島を横断する県道59号の愛称になっている。大部分は防砂壁などで見晴らしが限られてしまうが、半島西端では両側を海に挟まれた一本道を進む爽快なひとときが待っている。

TRAVEL PLAN

福岡市街からすぐの絶景スポットを巡る。海の中道で花や生き物に癒やされ、かがみの海を眺めたら、宮地嶽神社でお参り。

COURSE

9:00	福岡IC
↓	車で15分
9:15	香椎宮
↓	車で40分
10:30	国営海の中道海浜公園
↓	車で3分
12:00	マリンワールド海の中道
↓	車で15分
14:00	金印公園
↓	車で55分
15:15	かがみの海
↓	車で7分
16:00	宮地嶽神社
↓	車で25分
17:00	古賀IC

『古事記』に登場する古社

本殿は香椎造という、日本唯一の建築様式

香椎宮
かしいぐう
MAP P.54-[2]

創建が3世紀と伝わる古社。日本で唯一の香椎造の本殿や、大楠の並木が約800m続く参道など見どころ豊富。
☎092-681-1001 交JR香椎神宮駅から0.5km 所福岡県福岡市東区香椎4-16-1 開6:00～18:00 休無休 料無料 Pあり

国営海の中道海浜公園
こくえいうみのなかみちかいひんこうえん
MAP P.54-[3]

約350haに及ぶ広大な公園。花の丘や花壇で季節の花が楽しめるほか、アクティビティや動物とのふれあいも。
☎092-603-1111 交JR海ノ中道駅から0.5km 所福岡県福岡市東区西戸崎18-25 開9:30～17:30(11～2月は～17:00)※変動あり 公式サイトを要確認 料450円 Pあり

2つの海に挟まれた公園

4月上旬～下旬にネモフィラで青く染まる花の丘

自転車をレンタルして、サイクリングも楽しめる

九州の海をのぞき見 かわいい姿にキュン

博多湾を背にした見晴らしの良いショーステージ

マリンワールド海の中道
マリンワールドうみのなかみち
MAP P.54-[4]

約350種3万点の海の生き物を展示。外洋大水槽でのイワシタイフーンや、イルカ、アシカのショーなど見どころ多数。
☎092-603-0400 交JR海ノ中道駅から0.5km 所福岡県福岡市東区西戸崎18-28 開9:30(12～2月10:00)～17:30※変動あり 休2月第1月曜とその翌日 料2500円 Pあり

金印公園
きんいんこうえん
MAP P.54-[5]

古代の交流に思いを馳せる

歴史の教科書でおなじみの「漢委奴国王」の金印の発見地とされる地。福岡市街地や糸島半島などの眺望が楽しめる。
交JR西戸崎駅から6km 所福岡県福岡市東区志賀島古戸1865 開休料入園自由 Pあり

フェリー、高速船など、多くの船が行き交う海域

金印のレプリカが置かれている

かがみの海
かがみのうみ

周囲の景色を映し出す鏡のような神秘的な光景が広がる

写真：(一社)ひかりのみちDMO福津

宮地嶽神社
みやじだけじんじゃ
MAP P.54-[6]

光の道で知られる歴史ある社

創建約1800年前とされる古社。海際にある鳥居から神社まで参道がまっすぐ続く。参道を一直線に夕日が照らす光の道が人気。
→ P.44

参道の先に見えるのは相島(あいのしま)

きらめきの海

熊本県 MAP P.189 D-1

御輿来海岸
おこしきかいがん

風と波と夕暮れが生み出す
砂紋に連なる三日月のアート

きらめきの海

オレンジ色の夕日が砂紋を照らす夕暮れどき。燃えるような夕日と砂紋が重なる絶景日は年に数日のみ

> 自然が長い年月をかけてつくり上げた芸術作品のような風景。
> 有明海がつくり出す、美しい夕焼けと砂紋のコラボレーションを堪能。

熊本市から天草方面へと向かう宇土半島の北側、約5kmにわたって続く海岸。干満差の激しい有明海に面し、干潮時に現れる砂地に風と波による美しい三日月形の砂紋が生まれ、光を反射する潮溜まりや砂影が幻想的な光景をつくる。昼間、夕暮れどき、薄暮など、時間帯によって表情はさまざまに変化。その美しさから、「日本の渚百選」、「日本の夕陽百選」にも選ばれている。古くから人々に親しまれてきた場所でもあり、景行天皇が九州を巡幸された際、この海岸の美しさに見とれて御輿を止めたという言い伝えも残る。

ACCESS
アクセス

- 阿蘇くまもと空港
  ↓ 車で15分
- 益城熊本空港IC
  ↓ 車で15分
- 松橋IC

松橋ICから国道3・57号などを経由して車で45分。三角線が停車するJR網田駅から徒歩20分。御輿来海岸から長部田海床路までは、バス停網田中学校下から九州産交バス宇土駅前行きで7分、長部田下車、徒歩3分。

INFORMATION
問い合わせ先

宇土市経済部商工観光課
☎0964-27-3329
宇城市商工観光課
☎0964-32-1111

DATA
観光データ

所 熊本県宇土市下網田町　開休料 見学自由　P 御輿来海岸展望所駐車場利用

BEST TIME TO VISIT
訪れたい季節

ベストシーズンは、2月後半から4月前半。この期間は、夕日が沈む時間と潮が引く時間が重なりやすく、夕日が砂紋を照らし出す「絶景日」と呼ばれる日が多い。燃えるような夕焼けと三日月形の砂紋のコラボレーションが特に美しい時期だ。

周辺のスポット

永尾剱神社（えいのおつるぎじんじゃ）
不知火海を望む海中に立つ鳥居

MAP P.58-1

海中に鳥居が立つ神秘的な光景が特徴で、特に夕暮れどきの様子は絶景。祭神は海童神（わだつみのかみ）で、胃腸病にご利益があるといわれている。また、旧暦8月1日の八朔の日には、沖合に光の列が現れる「不知火」の観望地としても知られている。

交 JR松橋駅から7km　所 熊本県宇城市不知火町永尾615　開休 見学自由　P あり

神社前の海上に立つ鳥居と灯籠。日没前の景色が美しい

電柱が整然と並ぶ
海に浮かぶ幻の道

きらめきの海

長部田海床路
ながべたかいしょうろ
MAP P.58-2
干満差が激しい有明海で漁業を営む人のために造られた海床路。干潮の時間帯に約1kmの道路が現れるが、満潮になると道全体が海に沈み、沖合に向かって電柱が一直線に並ぶ不思議な光景が広がる。
交JR住吉駅から2km 所熊本県宇土市住吉町 開休料見学自由 P住吉海岸公園駐車場利用

干潮、満潮の2時間前後が見頃。夕日が沈む頃は特に幻想的な光景に。天気次第で電柱が対岸の普賢岳に向かって並ぶように見える

佐賀県 MAP P.186 C-3
浜野浦の棚田
はまのうらのたなだ

青い海に映える緑の田園風景
玄界灘の入り江に、郷愁のとき

きらめきの海

稲が伸び、緑色の絨毯が広がる夏。緑豊かな棚田と青い海のコントラストが美しい、さわやかな風景

> 玄界灘を背景に広がる283枚の棚田が織りなす景色は、まるで絵画のよう。
> その風景は四季折々に美しい。特に幻想的な夕暮れどきは、訪れる人を魅了する。

玄海町の浜野浦地区にある「日本棚田百選」のひとつで、ノスタルジックな田園風景が広がるスポット。玄界灘に面した海岸から山に向かった急斜面に、大小283枚の田んぼが段々に重なり合う。夏場はまるで緑の絨毯を広げたような光景で、海景と棚田のコントラストが息をのむほど美しい。田んぼに水張りが始まる4月中旬～5月上旬には夕日が水面に映え、また違った美しさを見せる。戦国～江戸時代から受け継がれてきた棚田は畦畔（けいはん）が石積みになっており、パッチワークのような独特の造形美をつくり出している。

幾何学模様のような水鏡と水平線の向こうに沈む夕日が見せる春の絶景

ACCESS
アクセス

- 福岡空港
- ↓ 車ですぐ
- 半道橋入口
- ↓ 車で1時間
- 唐津IC

唐津ICから県道23・254号経由で車で40分。JR西唐津駅からは昭和バス大島・小加倉線で40分、今村下車、徒歩20分。

INFORMATION
問い合わせ先

玄海町企画商工課 ☎0955-52-2112
唐津駅総合観光案内所
☎0955-72-4963
唐津市呼子市民センター
☎0955-53-7165

DATA
観光データ

所 佐賀県玄海町浜野浦 開休料 見学自由 P あり

BEST TIME TO VISIT
訪れたい季節

おすすめは4月中旬から5月上旬。この期間は、田んぼに水が張られ、水面が鏡のように空を映し出し、特に美しい。夕暮れどきには、夕日が海面と水田をオレンジ色に染め、幻想的な光景が広がる。稲穂が黄金色に染まり、収穫の喜びを感じられる秋もまた素晴らしい。

呼子のイカは、鮮度抜群の透明な身と甘くコリコリした食感で絶品

唐津のシンボル・唐津城。4月下旬～5月上旬には樹齢100年を超える藤の花が見事

62

TRAVEL PLAN

城下町散策とグルメを楽しみ、玄界灘がつくる絶景スポットを巡る。
最後は、風の見える丘公園と浜野浦の棚田から一大パノラマを堪能。

虹の松原
にじのまつばら
MAP P.62-[1]
唐津湾の海岸に長さ約4.5kmにわたり、約100万本のクロマツが群生し、虹のような弧を描く。日本三大松原のひとつ。
交 JR虹ノ松原駅からすぐ 所 佐賀県唐津市東唐津～浜玉町 間休料 散策自由 P あり

弧を描く 緑の帯

松林の中をドライブや散策ができる

COURSE

10:00	唐津IC
↓	車で10分
10:10	虹の松原
↓	車で10分
11:00	唐津城
↓	車で25分
12:30	立神岩
↓	車で15分
13:30	七ツ釜
↓	車で20分
15:00	風の見える丘公園
↓	車で20分
16:00	浜野浦の棚田
↓	車で40分
17:30	唐津IC

唐津市の 天然記念物

立神岩
たてがみいわ
MAP P.62-[3]
唐津市湊町の海岸線に立つ、高さ約30mの2つの巨石。並び立つ姿から夫婦岩とも呼ばれている。ほかにも玄武岩の奇岩が点在する景勝地。
交 JR唐津駅から12km 所 佐賀県唐津市湊町 間休料 散策自由 P あり

立神岩近くの海岸はサーフスポットとしても人気

唐津城
からつじょう
MAP P.62-[2]
慶長13年(1608)に築城。松浦川の河口に突き出た丘陵地に7年かけて築かれ、舞鶴城の異名を持つ。城下町におよそ2km続く石垣の散歩道には江戸時代の風情が漂う。
☎0955-72-5697 交 JR唐津駅から12km 所 佐賀県唐津市東城内8-1 間 9:00～17:00(最終入館16:40) 休 無休 料 500円 P あり

海を見渡す 美麗な天守

最上階からは、唐津湾や唐津市内の大パノラマが

きらめきの海

buy
食べ歩きグルメも多彩 **MAP** P.62-[6]
呼子朝市
よぶこあさいち

日本三大朝市のひとつ。多くの観光客で賑わう

☎0955-82-3426(呼子観光案内所) 交 JR唐津駅から車で30分 所 佐賀県唐津市呼子町 呼子朝市通り 間 7:30～12:00 休 無休 P あり

波が生んだ 神秘の洞窟

遊覧船のほか、展望台からも眺められる

七ツ釜
ななつがま
MAP P.62-[4]
玄界灘の波に浸食された玄武岩の断崖に並ぶ7つの洞窟。海蝕洞は間口が約3m、奥行きは約110m。岩肌と造形美が見どころ。
☎0955-82-3001(マリンパル呼子) 交 JR唐津駅から18km 所 佐賀県唐津市呼子町呼子 間 9:00～17:00 休 火曜(天候などにより運休あり) 料 遊覧船2000円 P あり

風の見える丘公園
かぜのみえるおかこうえん
MAP P.62-[5]
呼子大橋を渡った加部島の小高い丘にある公園。園内からは、呼子大橋の架かる海の絶景を一望できる。
交 JR唐津駅から18km 所 佐賀県唐津市呼子町加部島3279-1 間 入園自由(レストハウス9:00～17:00、火曜休) P あり

海景を望む ビュースポット

ハープの弦のような美しい呼子大橋を一望

浜野浦の棚田
はまのうらのたなだ

玄海灘に面し階段状に広がる棚田がつくる絶景スポット

鹿児島県 MAP P.188 C-3

長目の浜
ながめのはま

太古の生物が潜む湖沼群を守る一筋の砂州の曲線美

長目の浜展望所や田之尻展望所からは、この雄大な風景を一望できる

> 長い年月をかけ形成された砂州と、豊かな自然が命を育む3つの池。
> 雄大な自然と美しい風景が調和した国の天然記念物、長目の浜へ。

鹿児島県の西の沖合約25kmに浮かぶ甑島列島・上甑島を代表するする景勝地。島の北西部に位置し、太古から風波によって削り出された幅約50m、長さ約4kmにわたる砂州が特徴。薩摩藩の島津光久公が巡視の際に、この風景を見て「眺めの浜」と命名したことが名前の由来といわれる。この造形の美しさは日本三景の天橋立を超えるとも評され、弓なりの砂州の内側には、なまこ池、貝池、鍬崎池という3つの池が点在。3つの池とも海水と淡水が混ざり合う汽水湖で、さまざまな種類の魚や貝、植物が生息している。

周辺のスポット

夜萩円山公園
よはぎまるやまこうえん

MAP P.65-[1]

下甑島の大自然を満喫できる公園。特に、鹿児断崖と呼ばれる断崖絶壁が有名で、その壮大な景観は圧巻。

交 里港から19km 所 鹿児島県薩摩川内市鹿島町 開休料 見学自由 P あり

自然の力強さを感じる
高さ約200mの断崖絶壁

断崖絶壁や海を眺める複数の展望スポットがある

瀬尾観音三滝
せびかんのんみたき

MAP P.65-[2]

55mの高さを誇り、3段に分かれて流れ落ちる滝。緑豊かな渓谷の中に現れるその姿は圧巻。滝つぼの近くには観音像が祀られ、神秘的な雰囲気を醸し出す。

交 長浜港から6km 所 鹿児島県薩摩川内市下甑町青瀬 開休料 見学自由 P あり

豊かな自然に囲まれた
美しい3段の滝

遊歩道を歩きながら滝を観賞できる

鳥ノ巣山展望所
とりのすやまてんぼうしょ

MAP P.65-[3]

下甑島の壮大な海を満喫できる絶景スポット。展望所からは、藺牟田瀬戸と呼ばれる美しい海を一望できる。

交 里港から19km 所 鹿児島県薩摩川内市鹿島町藺牟田 開休料 見学自由 P あり

紺碧の海景色を
大パノラマで

海に浮かぶ島々や、遠くに見える甑大橋を望む

ACCESS
アクセス

鹿児島空港
↓ 車で1時間
串木野IC
↓ 車で10分
串木野新港
↓ フェリーで1時間15分
里港

JR串木野駅から串木野新港まではタクシーで7分。川内港から里港まで高速船の場合は50分。里港から県道348・352号を経由して10分。

INFORMATION
問い合わせ先

上甑島観光案内所 0996-24-8065
下甑島観光案内所 0996-24-8114

DATA
観光データ

所 鹿児島県薩摩川内市上甑町瀬上 開休料 見学自由 P あり

BEST TIME TO VISIT
訪れたい季節

季節によって表情を変えるのも魅力のひとつ。春には新緑が輝き、風も穏やかで、散策やピクニックに最適な季節。夏には青い海と白い砂浜のコントラストが美しく、秋にはコスモスが咲き乱れる。冬は人が少ないため、静かに海とふれあえる。渡り鳥を観察できるチャンスも。

島への高速船・甑島。JR九州の観光列車も手がける水戸岡鋭治（みとおかえいじ）氏がデザイン

きらめきの海

宮崎県 MAP P.189 F-2

願いが叶うクルスの海
ねがいがかなうクルスのうみ

波間に見える祈りのシルエット
日向岬はパワースポット

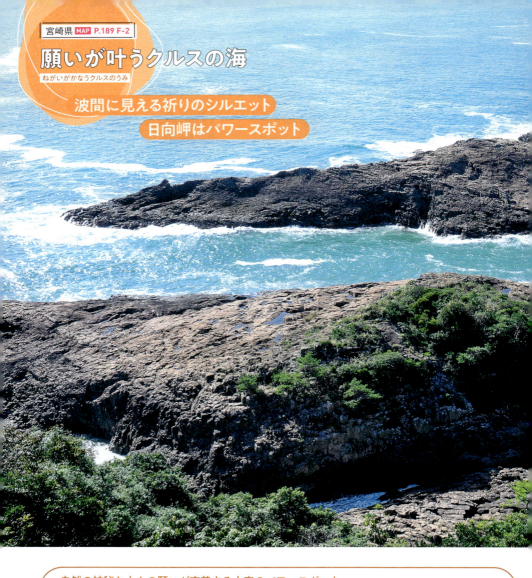

> 自然の神秘と人々の願いが交差する十字のパワースポット。
> 割れた岩と合わせると「叶」の字にも見える岩場が、神秘的な雰囲気を醸し出す。

宮崎県日向市にある、願いが叶うといわれている神秘的な場所。柱状岩が波によって浸食され、東西200m、南北220m、高さ10mにわたって裂け、十字（くるす）に見えるため名付けられた。波が穏やかな時は紺碧の海にはっきりと浮かぶ十字を見られ、夕暮れどきは夕日が海を染め上げ、より幻想的。さらに十字の岩の外側には小さな岩場があり、合わせると「叶」の字に見えることから、ここで祈りをささげると願いが叶うという言い伝えもある。展望所には願いを天に託すための「願いが叶うクルスの鐘」が設置されている。

十字の隣に見える小さな岩が口に見え、合わせると「叶」に。デートスポットとしても人気

66

展望所からはっきりと見える十字。広大な太平洋を一望できる絶景スポットとしても人気

ACCESS
アクセス

宮崎ブーゲンビリア空港
↓ 車で7分
宮崎IC
↓ 車で1時間
日向IC

日向ICから国道327号、県道15号などを経由して、車で12分。日豊本線が通るJR日向市駅からはタクシーで15分。願いが叶うクルスの海から馬ヶ背までは車で3分。

INFORMATION
問い合わせ先

馬ヶ背観光案内所 ☎0982-54-6177
日向市観光協会 ☎0982-55-0235

DATA
観光データ

所 宮崎県日向市細島1-1付近 開休料 見学自由 P あり

BEST TIME TO VISIT
訪れたい季節

どの季節に訪れても美しい。一年を通して温暖な気候で過ごしやすく、海風を感じながら、ゆっくりと景色を楽しむことができる。時間帯は、昼間がおすすめ。特に冬場は快晴日数が多く、澄み渡った青空と太平洋のコントラストが美しい。夕刻には夕焼け空が海面に反射して幻想的な光景が広がり、心が洗われるような絶景が楽しめる。

きらめきの海

高さ約70mの細く連なった岩礁が、馬の背のように見える馬ヶ背の断崖絶壁

周辺のスポット

大御神社
おおみじんじゃ

MAP P.67

御祭神は天照大御神。海に面して建つ神社で、神明造りの古式ゆかしい社殿と、柱状の火山岩が醸す荒々しい印象とのコントラストが美しい。

☎0982-52-3406 交 JR日向市駅から3.5km 所 宮崎県日向市日知屋1 開休料 参拝自由 P あり

天照大御神を祀る
日向のお伊勢さま

中から見ると昇り龍に見えるという境内近くにある洞窟

日本最大級のさざれ石群もある

67

約1.5kmの海岸線、沖合から最大500m広がる干潟。縞模様と夕日が織りなす風景が魅力

> 夕日の美しさだけでなく、自然の造形美も楽しめる。
> 大切な人と一緒にゆったりとした時間を過ごしたい。

「日本の夕陽百選」に選ばれた、夕日が美しいことで有名な海岸。国東半島の西側に位置し、西方に開けているため、大分県で唯一水平線に沈む夕日を眺めることができるエリアだ。干潮時には波によって縞模様の干潟が浮かび上がり、夕日とのコラボレーションが楽しめる。海岸には観光交流拠点である「真玉海岸恋叶ゆうひテラス」があり、干潟は屋上の展望テラスから眺めるのがおすすめ。海岸線を走る国道213号は「恋叶ロード」と呼ばれ、縁結びの神様・粟嶋社など恋愛成就のスポットが点在する道となっている。

まるでアートのような縞模様が浮き上がり、自然の神秘を感じられる

ACCESS アクセス

福岡空港
↓ 車で15分
太宰府IC
↓ 車で1時間30分
宇佐IC

宇佐ICから国道10・213号などを経由して、車で35分。大分空港からは県道404・651・654号など経由で、車で1時間。日豊本線が通るJR宇佐駅からは大交北部バス伊美行きで35分、泊下車、徒歩3分。

INFORMATION 問い合わせ先

豊後高田市観光協会
0978-25-6219

DATA 観光データ

所 大分県豊後高田市臼野5125 休 開
料 見学自由 P あり

BEST TIME TO VISIT 訪れたい季節

ベストシーズンは、春から秋にかけて。特に、5〜9月頃は、穏やかな気候で夕日も美しく、多くの観光客で賑わう季節。真玉海岸の最大の魅力である夕日は、一年を通して美しいが、特に澄んだ空気の秋は、夕焼け空が鮮やかに染まり、幻想的な光景が広がる。静かに夕日を眺めたいなら、人の少ない冬も◎。

周辺のスポット

チームラボギャラリー真玉海岸
チームラボギャラリーまたまかいがん
MAP P.69

デジタルアート作品が、自然の光と影、建物の構造と融合した体験型アート空間。
0978-23-1860(豊後高田市観光まちづくり株式会社) 交 JR宇佐駅から13.6km 所 大分県豊後高田市臼野4467-3 開 13:00〜19:00(11〜2月は〜18:00) 休 火・木曜 料 420円 P あり

デジタルアートと自然の融合

国東半島に咲く花々をモチーフにしている

きらめきの海

長崎県 MAP P.186 C-4

ガラスの砂浜
ガラスのすなはま

空港沖に七色の輝き
廃棄ガラスが一斉に放つ宝石の光

森園公園の駐車場から海側に少し歩くと、ガラスの砂浜に到着。ガラスなので、素足での立ち入りは禁止。けがに注意を

長崎空港の対岸にあるエリアは普通の砂浜とは異なり、色とりどりのガラスが太陽の光を浴びてキラキラと輝き、訪れる人々を魅了している。閉鎖性が高い大村湾は植物プランクトンやアオサが増大するなど、富栄養化が深刻だった。植物プランクトンをエサにする二枚貝の生育を行うため、廃棄されたガラス瓶を二枚貝が好むサイズのガラス粒を敷き詰めた。結果、植物プランクトンの減少だけでなく、地元の人たちからも愛されるビーチになったことで継続的に清掃も行われるようになり、水質が改善されつつあるという。

ACCESS
アクセス

福岡空港
 車で15分
太宰府IC
↓ 車で1時間
大村IC

大村ICから国道444号、県道38号を経由して車で10分。長崎空港からは空港前の箕島大橋を渡り、すぐ。JR大村駅からは長崎県営バス長崎空港行きで10分、サンスパおおむら下車、徒歩3分。

INFORMATION
問い合わせ先
大村市観光振興課
☎0957-53-4111

DATA
観光データ
所 長崎県大村市森園町森園公園地先
開/休/料 見学自由（駐車場は7:00～22:00) P 森園公園駐車場利用

BEST TIME TO VISIT
訪れたい季節

一年を通してその美しさを楽しめるが、よりいっそう魅力が引き立つベストシーズンは、春から秋にかけて。春や秋は、雨の日が少なく、日差しもほどよく、屋外での活動に最適な季節。また夏は、太陽の光を浴びてガラスがキラキラと輝き、より美しさを増す。

長崎県 MAP P.186 B-4

日本一小さな公園
にほんいちちいさなこうえん

ベンチ一つ、シュロの木1本
小さな島の小さな公園

きらめきの海

フェリーで行く、小さな離島の新名所。水平線に沈む夕日を眺めながら、穏やかな時間を過ごせる

長崎県に浮かぶ人口400人ほどの離島・松島にある、ベンチとシュロの木が1本だけのシンプルな公園。人知れず静かに雄大な五島灘を一望できる絶景スポットとして人気を集めており、特に水平線に沈む夕日は美しい。かつて松島は炭鉱の島として栄えていたが、廃鉱になり賑わいがなくなりつつあった。約20年前に地元住民の有志によって造られたこの公園は切手になるなど話題になり、観光客の誘致にも貢献している。島内には炭鉱の遺構や、ラクダの形にそっくりならくだ島など、みどころが点在する。

ACCESS
アクセス

福岡空港
↓ 車で1時間45分
佐世保大塔IC
↓ 車で20分
瀬戸港
↓ フェリーで20分
松島港

松島港から県道199号などを経由し、車で5分。長崎空港からは国道444・205・202号などを経由し、車で2時間。

INFORMATION
問い合わせ先

西海市西海ブランド振興部ふるさと資源推進課 ☎0959-37-0064

DATA
観光データ

所 長崎県西海市大瀬戸町松島外郷 開
料 見学自由 P なし

BEST TIME TO VISIT
訪れたい季節

春から秋にかけては気候も穏やかで、多くの観光客で賑わう。5〜9月は、海水浴を楽しむ人も多く、島は普段よりも賑やかに。日中の太陽で青く輝く海景色も素晴らしいが、より美しさを増すのが、夕日が水平線に沈む夕焼け。あたり一面がオレンジ色に染まる幻想的な光景は感動もの。

COLUMN

電車を降りると広がる非日常の景色

絶景に寄り添う無人駅

人の営みや歴史を感じさせ、それだけで叙情的な存在の無人駅。
足元まで海に囲まれる、春や夏の花に包まれる、そんな無人駅で別世界観を味わいたい。

満潮時には船が近くまで迫り、干潮時には遠浅の干潟が望める

波が足元を洗う日本一海に近い駅
大三東駅
おおみさきえき

島原鉄道の駅で、国内外から多くの観光客が訪れる絶景スポット。屋根も柵もないホームは目の前に有明海が広がり、さながら海の中にいるような錯覚を覚えるほど。

長崎県 MAP P.187 D-4

📞0957-62-2231(島原鉄道) 🚗愛野森山バイパス・愛野ICから22km 📍長崎県島原市有明町大三東丙135-2 🕐休無見学自由 Ｐなし

桜と列車と無人駅の叙情的な世界
浦ノ崎駅
うらのさきえき

春には小さな駅舎が桜に包まれ、絵本のような光景を描く。昭和5年(1930)の駅開業と同時に約90本のソメイヨシノを植樹。見頃に合わせ「桜の駅まつり」が開催される。

佐賀県 MAP P.186 C-3

📞0956-25-2229(松浦鉄道) 🚗伊万里松浦道路・今福ICから5km 📍佐賀県伊万里市山代町立岩 🕐休無見学自由 Ｐなし

春は花のトンネルを抜けて列車が走る。駅周辺も含めて桜の名所だ

薩摩富士とよばれる開聞岳と駅舎、ひまわりが描く日本の原風景

ひまわり畑の中を走る列車
西大山駅
にしおおやまえき

「日本最南端のJR駅」として知られ、駅周辺に美しい自然が広がる。特に夏はひまわり畑の眺めが壮観で、背後にそびえる開聞岳と列車、空とひまわりの競演が見事だ。

鹿児島県 MAP P.189 D-4

📞0993-34-0132(かいもん市場 久太郎) 🚗指宿スカイライン・頴娃ICから26km 📍鹿児島県指宿市山川大山602 🕐休無見学自由 Ｐあり

物語を紡ぐ島々

絶海の先で静かに浮かぶ離島の数々。
古代から独自に重ねてきた歴史を体感できる
名所が島内には点在する。
海を渡り、ここでしか見られない原風景へ。

鹿児島県 MAP P.188 B-2

屋久島
やくしま

巨木生い茂る森に包まれて
太古の息吹に満ちる神秘の島

物語を紡ぐ島々

白谷雲水峡白谷川の渓谷美を眺めながら、屋久杉を苔が覆う幻想的な森で森林浴が楽しめる

> 悠久の時を超えて自生する縄文杉をはじめ、力強い自然美が息づく世界自然遺産の屋久島。白谷川の澄んだ水が流れ、苔に覆われた神秘的な森を歩く。

鹿児島県本土より南方約60km、エメラルド色に輝く海に浮かぶ世界自然遺産の島。周囲約132km、面積504km²で、形は円形に近い。島の中央には九州最高峰の宮之浦岳をはじめ、標高2000mに近い山々がそびえ立ち、「洋上のアルプス」と称され、トレッキングが島のアクティビティとして知られる。太古の原生林に覆われた亜熱帯植物の群生から、樹齢1000年を超える屋久杉、宮之浦岳頂上付近に咲く高山植物まで、多種多様な植物が島内を彩り、日本屈指の雨量と湿気が育む苔むした風景もこの島ならでは。

屋久島はトレッキングで満喫

初心者から上級者まで、人気の2コースをご紹介

白谷雲水峡コースは、渓谷や森を抜け、ハイライトである太鼓岩を目指す約7kmのコース。苔に覆われた濃い緑の世界が続く苔むす森を歩き、太鼓岩からの景色を楽しむバランスの良い初心者向けコースだ。中・上級者向けの縄文杉コースは、トロッコ軌道を約8km、登山道を約3km歩く。往復約22kmの道のりだが、鉄橋や渓谷、ユニークな形の巨樹・切株などが次々に現れ、登山者を励ましてくれる。日帰りなら縄文杉には昼頃到着を目安に。ゆっくり縄文杉を楽しむなら山中1泊など、多彩なコースがあるので、レベルに合わせて選びたい。

1 樹高25.3m、胸高周囲16.4mもある縄文杉／2 白谷雲水峡コース中にある落差50mの滝・飛流落とし／3 縄文杉コースでは縄文杉だけでなく、三代杉や夫婦杉など、さまざまな杉が見られる

ACCESS
アクセス

鹿児島空港
↓ 飛行機で35分
屋久島空港

屋久島空港へはこのほか福岡、伊丹空港からも便がある。フェリーの場合は、鹿児島南ふ頭旅客ターミナルから宮之浦港まで4時間。白谷雲水峡入口までは空港から車で30分、荒川登山口までは車で50分。

INFORMATION
問い合わせ先

屋久島観光協会事務局・案内所
☎0997-46-2333
屋久島町観光まちづくり課
☎0997-43-5900

DATA
観光データ

[所]鹿児島県屋久島町 [開休料]見学自由（事務局は8:30～18:00）[P]各スポットの駐車場利用

BEST TIME TO VISIT
訪れたい季節

トレッキングを楽しむなら、5・7～10月がおすすめ。夏は涼しく、冬は温かい屋久島では通年快適にトレッキングを楽しめるが、梅雨の6月と多雨の2月は適さない。標高の高い場所は12月下旬～2月には積雪することもあるので、冬山装備を用意すること。

ここは訪れたい島内のスポット

島を一周するとおよそ100km。青い海や、雄大な渓谷、滝や温泉など絶景ポイントが点在する。

苔むす森
こけむすもり
MAP P.76-1

一面苔に覆われた太古の力を感じさせる森。巨樹の枝や根に岩が入り乱れ、幽玄な世界が広がる。
🚌 白谷雲水峡入口から2km 🕐見学自由 💴協力金500円

神秘的な緑一色の森

アニメ映画のモデルになった森として知られる

太鼓岩
たいこいわ
MAP P.76-2

空中に飛び出したような一枚岩の展望台。眼下に広がる森と360度の絶景が楽しめる。
🚌 白谷雲水峡入口から3km 🕐見学自由 💴協力金500円

島内の森を一望できる

九州最高峰の宮之浦岳のほか、春には山桜を望む

ウィルソン株
ウィルソンかぶ
MAP P.76-3

周囲13.8mもある巨大な切り株。10畳ほどの内部から空を見上げると、空洞部分がハート形に見えることで有名。
🚌 荒川登山口から9km 🕐見学自由 💴協力金日帰り1000円

頭上のハート形に癒やされる

空洞内には泉が湧き出し小さな流れをつくっている

縄文杉
じょうもんすぎ
MAP P.76-4

展望デッキから眺めても圧倒的な存在感で迫ってくる屋久島最大の杉。樹齢は2170年から7200年までと諸説ある。
🚌 荒川登山口から11km 🕐見学自由 💴協力金日帰り1000円

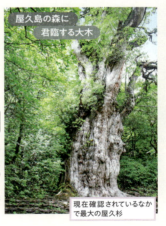

屋久島の森に君臨する大木

現在確認されているなかで最大の屋久杉

永田いなか浜
ながたいなかはま
MAP P.76-5

アカウミガメの産卵地として有名な、白砂が美しい海岸。重要な湿地として、ラムサール条約湿地にも登録されており、夕日の絶景スポットとしても人気を集める。
🚌 屋久島空港から30km 📍屋久島町永田 🕐見学自由
💴散策自由(5〜9月の夜間〜早朝はウミガメに配慮して立ち入らないように) 🅿あり

ウミガメの産卵ビーチ

砕けた花崗岩の砂浜が約1km続く

平内海中温泉
ひらうちかいちゅうおんせん
MAP P.76-6

海から湧き出る珍しい温泉。入浴チャンスは1日2回、干潮の前後約2時間のみ。混浴で水着の着用は不可。タオルやパレオは着用可。
📞 0997-47-2953(平内区事務所) 🚌屋久島空港から30km
📍鹿児島県屋久島町平内 🕐干潮前後の2時間ほど 休無休 💴協力金200円 🅿あり

野趣あふれる露天風呂

岩礁の窪地が湯船。泉質は単純硫黄泉

千尋の滝
せんぴろのたき
MAP P.76-7

1000人の人が両手を広げたほどもありそうな巨大な花崗岩の一枚岩を手前に、V字谷に落下する落差約60mの滝。雄大なランドスケープが見どころ。
🚌 屋久島空港から22km 📍鹿児島県屋久島町原 🕐見学自由 🅿あり

圧巻の一枚岩と滝

滝の南側の展望台から雄大な景色を楽しめる

物語を紡ぐ島々

鹿児島県 MAP P.188 A-4

与論島
よろんじま

サンゴ礁に抱かれた鹿児島最南端
天国に一番近い白砂のビーチ

物語を紡ぐ島々

与論島を代表する人気スポットの百合ヶ浜。360度見渡す限り透き通った海が広がる

> ヨロンブルーの海と白い砂浜が美しい、東洋の真珠と呼ばれる島。
> 豊かな自然と歴史が調和し、ゆっくりと時間が流れる癒やしの楽園へ。

周囲約24kmの小さな島だが、ミステリアスな絶景の宝庫。波風の穏やかな日にはボートがまるで宙に浮かんでいるように見える透明度の高い海、砂が真っ白で水が澄んでいることからハワイのカネオヘ湾よりも美しいといわれるサンドバーの百合ヶ浜などの南国の絶景が待つ。変化に富んだ海底風景が楽しめるダイビングをはじめ、SUP、ウインドサーフィンなど海のアクティビティも盛ん。与論島は行政的には鹿児島県だが、沖縄本島の北の沖合約23kmの場所にあり、文化、暮らしは琉球圏。沖縄グルメも満喫できる。

人気のアクティビティであるダイビング。与論島では島の北側と南側とで海中の風景が異なる

白いステージが特徴の茶花海岸。夕日がステージを照らす夕暮れどきは最高

粉のようにさらさらな白砂が特徴のトゥマイビーチは、のんびり過ごすのに最適

ACCESS
アクセス

鹿児島空港
↓ 飛行機で1時間40分
与論空港

那覇空港
↓ 飛行機で40分
与論空港

奄美空港からも便があり、所要は40分。フェリーの場合は、沖縄・本部港から2時間30分。

INFORMATION
問い合わせ先

ヨロン島観光協会 ☎0997-97-5151
与論町商工観光課 ☎0997-97-4902

DATA
観光データ

所 鹿児島県与論町　開休料 見学自由　P 各スポットの駐車場利用

BEST TIME TO VISIT
訪れたい季節

年間平均気温が23℃と温暖な与論島。一年を通してさまざまな楽しみ方ができるのが魅力だが、夏場は台風の影響があるため注意したい。3〜4月頃は降水量が少なく人気の時期。10月から春にかけては比較的涼しく、ダイビングやウミガメの観察などが楽しめる。のんびり島内観光を楽しみたいなら、観光客が比較的少ない冬がおすすめ。

ここは訪れたい島内のスポット

車で一周約1時間の小さな島。ヨロンブルーの海や歴史を感じるスポットなど、絶景とともに楽しもう。

百合ヶ浜
ゆりがはま
MAP P.80-1

大金久海岸の沖合い約1.5kmに浮かぶ幻の砂浜。春から秋にかけて、干潮時にだけ現れる。

🚗 与論空港から7kmの大金久海岸からグラスボートで10分 🏠 鹿児島県与論町大金久海岸沖合 🕐 グラスボート9:00〜18:00 休 見学自由 ¥ グラスボートは往復3000円 Ｐなし

海に浮かぶ楽園 / 幻の白い砂浜
グラスボートや船で沖まで向かい、歩いて渡る

海を背に立つ映えスポット
駅から入れる遊歩道では、海岸断崖の絶景を望む

ヨロン駅
ヨロンえき
MAP P.80-2

列車が走っていない与論島にある、「ヨロン駅」という名の駅のモニュメント。線路と車輪は、国鉄の鹿児島鉄道管理局から贈られたもの。国鉄の周遊券指定地に与論島が含まれてから10周年を記念して造られた。

🚗 与論空港から0.5km 🏠 鹿児島県与論町立長684 休 見学自由 Ｐあり

与論民俗村
よろんみんぞくむら
MAP P.80-3

のどかな与論の風景が残る屋外博物館。昔ながらの民家や生活に使われていた道具があり、当時の暮らしをリアルに再現している。

📞 0997-97-2934 🚗 与論空港から7km 🏠 鹿児島県与論町東区693-2 🕐 9:00〜18:00 休 無休 ¥ 500円 Ｐあり

与論島伝統の暮らしを体験
玩具作りや染め物などの体験も用意されている

長い時間がつくる自然の芸術
サンゴの化石や千枚田テーブルなど見どころ満載

赤崎鍾乳洞
あかさきしょうにゅうどう
MAP P.80-4

大地が地下水によって長い年月をかけて浸食されてできた全長約120mの鍾乳洞。洞窟内には大小さまざまな鍾乳石があり、自然の造形美に圧倒される。

🚗 与論空港から7km 🏠 鹿児島県与論町麦屋678 🕐 10:00〜16:00 休 不定休 ¥ 1000円 Ｐあり

舵引き丘
はじびきばんた
MAP P.80-5

島の成り立ちを語る神話が伝わる聖地。周囲を見渡せる展望地となっており、特に、早朝や夕方には、美しい朝日や夕焼けを眺めることができる絶好のスポットだ。

🚗 与論空港から5km 🏠 鹿児島県与論町朝戸111 休 見学自由 Ｐあり

島々を一望できるヨロン島誕生の地
展望台や休憩所もあり、撮影スポットとして人気

与論城跡
よろんじょうあと
MAP P.80-6

14〜15世紀頃、琉球の北山王の三男・王舅によって築城が始まったが、北山王の滅亡により未完成に終わった。天然の3層の断崖と、それらを結ぶサンゴの石垣がわずかに残るのみ。

🚗 与論空港から5km 🏠 鹿児島県与論町立長3313 休 見学自由 Ｐあり

琉球王国の歴史と自然を感じる
標高94mの高台は島を見渡すビューポイント

物語を紡ぐ島々

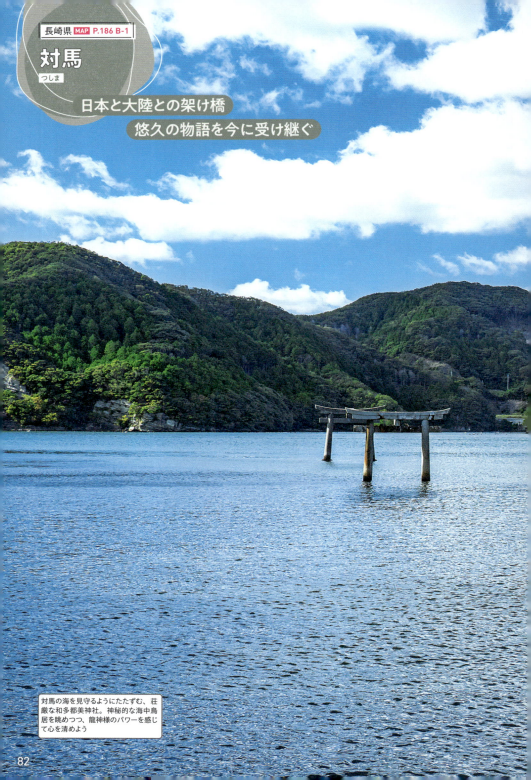

長崎県 MAP P.186 B-1
対馬
つしま

日本と大陸との架け橋
悠久の物語を今に受け継ぐ

対馬の海を見守るようにたたずむ、荘厳な和多都美神社。神秘的な海中鳥居を眺めつつ、龍神様のパワーを感じて心を清めよう

物語を紡ぐ島々

> 国境の島として、歴史の激動を乗り越えてきた対馬。
> 豊かな自然が見せる絶景と歴史的建造物が調和した独特の魅力が待っている。

朝鮮半島まで、直線距離で約50km。古くから大陸との交流の中継地として重要な役割を担った対馬。島北部の韓国展望所からは韓国・釜山の街並みを望み、距離の近さに驚かされる。リアス地形が多く見られ、特に島の中央の浅茅湾(あそうわん)は無数の小島と複雑な岬が織りなす風景で知られる。周囲には万関展望台や烏帽子岳(えぼしだけ)展望所など、ビューポイントが点在するので、見比べるのもおもしろい。島内にはさまざまな時代の要塞があり、古代から現代に至るまで国防の最前線とされてきた歴史を垣間見ることができる。

朝鮮半島との国境に位置し、数々の歴史の舞台に

日本と朝鮮半島との間の交流や対立の歴史において重要な役割を果たしてきた対馬。日本・百済(くだら)連合軍と唐・新羅(しらぎ)連合軍が戦った白村江(はくすきのえ)の戦いをはじめ、国防の最前線として古くより歴史の舞台に登場。白村江の戦いの後、朝鮮半島からの侵攻に備えて築いた山城が金田城だ。

金田城跡 かねだじょうあと
MAP P.84- 1
☎0920-54-2341(対馬市文化財課) ✈対馬空港から10km 所長崎県対馬市美津島町黒瀬 開休料見学自由 Pあり

石英斑岩という硬い岩を用いて築かれた石塁

ACCESS
アクセス
- 福岡空港
- ↓ 飛行機で35分
- 対馬やまねこ空港
- 長崎空港
- ↓ 飛行機で40分
- 対馬やまねこ空港

高速船ジェットフォイルの場合は博多港から厳原港まで所要2時間15分。フェリーの場合は博多港から厳原港まで所要4時間30分、比田勝港まで5時間30分。ほとんどの便が壱岐を経由する。

INFORMATION
問い合わせ先
対馬観光物産協会 ☎0920-52-1566
対馬市上対馬振興部地域振興課
☎0920-86-3111

DATA
観光データ
所長崎県対馬市 開休料見学自由 P各スポットの駐車場利用

BEST TIME TO VISIT
訪れたい季節
海に囲まれた対馬は、対馬暖流の影響を受けるため、温暖で雨が多いのが特徴。また、冬になると大陸からの季節風の影響で、かなり厳しい寒さになり、雪が降ることも。春の新緑、秋の紅葉シーズンの自然の美しさは格別。

ここは訪れたい島内のスポット

多島美を見晴らす絶景に深い紺碧の海! 島の歴史や文化にふれられるスポットも多数。

韓国展望所
かんこくてんぼうしょ

MAP P.84-[2]

対馬最北端の高台に建つ展望台。天気が良ければ、韓国釜山の街並みを望むことができ、日本と韓国の距離感を実感できるユニークな場所。

✈ 対馬やまねこ空港から70km
🏠 長崎県対馬市上対馬町鰐浦
🕐 9:00〜17:00 休 無休 料 無料 P あり

国境の島ならではの展望スポット

韓国まで約50km。肉眼でも釜山の街並みが見える

展望台は韓国の古代建築様式を取り入れている

竜宮城へ誘うように海へと続く鳥居

潮の満ち引きによって見え方が変わり幻想的

和多都美神社
わたづみじんじゃ

MAP P.84-[3]

浅茅湾入り江にあり、竜宮伝説が伝わる海宮。本殿正面に並ぶ5基の鳥居のうち、2基が海に立ち、まるで竜宮城への入口のような幻想的な雰囲気を醸し出す。

📞 0920-58-1488 ✈ 対馬やまねこ空港から26.5km 🏠 長崎県対馬市豊玉町仁位55 休 料 境内自由 P あり

三宇田浜海水浴場
みうだはまかいすいよくじょう

MAP P.84-[4]

エメラルドグリーンの海の美しさでは、対馬でもトップクラスの海水浴場。貝殻成分からなる天然白砂の浜が特徴。

✈ 対馬やまねこ空港から72km 🏠 長崎県対馬市上対馬町三宇田 休 料 見学自由 P あり

対馬随一の美しい海と砂浜

透明度が高く、晴れた日はエメラルドグリーンに

姫神山砲台跡
ひめがみやまほうだいあと

MAP P.84-[5]

第1砲座から第3砲座まで砲台が2門ずつ配された、明治期を代表する砲台跡。観測所や井戸などの遺構も残る。

✈ 対馬やまねこ空港から7km 🏠 対馬市美津島町緒方 休 料 見学自由 P あり

植物に覆われた大迫力の砲台

赤レンガと砂岩で造られた建造物

万関展望台
まんぜきてんぼうだい

MAP P.84-[6]

瀬戸をまたいで両岸を結ぶ美しい万関橋と、潮の干満によって生じる瀬戸の渦潮の流れが見られる。

✈ 対馬やまねこ空港から7km 🏠 長崎県対馬市美津島町久須保 休 料 見学自由 P あり

西に浅茅湾東に三浦湾を一望

入り組んだリアス海岸と島々の絶景が広がる

萬松院
ばんしょういん

MAP P.84-[7]

対馬府中藩第2代藩主の宗義成が、父義智の供養のために創建した菩提寺。

📞 0920-52-0984 ✈ 対馬やまねこ空港から11km 🏠 長崎県対馬市厳原町厳原西里192 🕐 8:00〜18:00(12〜2月は〜17:00) 休 無休 料 300円 P あり

日本三大墓地のひとつ

132段の石段や樹齢1200年といわれる大杉がある

物語を紡ぐ島々

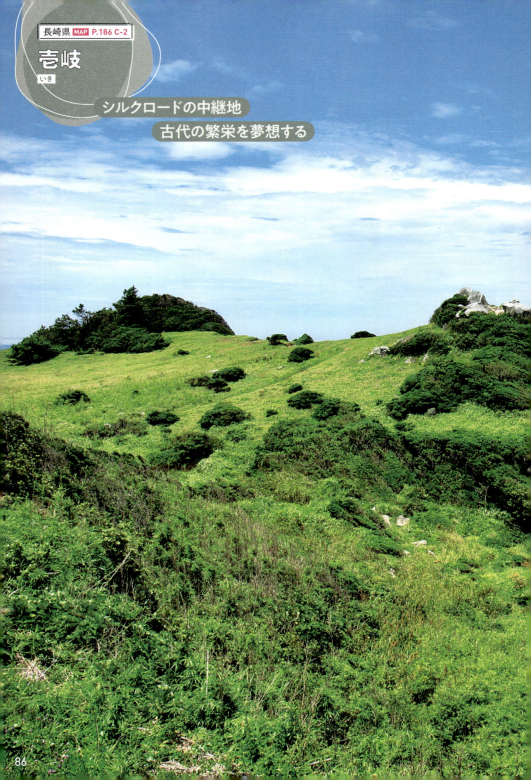

長崎県 MAP P.186 C-2

壱岐
いき

シルクロードの中継地
古代の繁栄を夢想する

物語を紡ぐ島々

「日本の奇岩百景」にも選ばれている「猿岩」。壱岐島誕生の神話の中では、島が流されないように立てられた「八本柱」のひとつともいわれている

> 2000年の歴史と美しい自然が融合した神秘の島、壱岐へ。
> エメラルドグリーンの海と歴史探訪、絶景ハントを楽しもう。

行政区分としては長崎県だが地理的には佐賀県に近く、呼子の沖合26kmほどの位置にある。九州本土と対馬の間に位置し、その先には大陸があるため古くから中国と九州を行き来する船の中継地であった。一方、『日本書紀』に敵襲を知らせるための烽(狼煙)を置くと記されたり、2度にわたる元の襲来を受けたりと地理的要因による苦難の歴史を経てきた土地でもある。島内には海水浴場やビーチが10カ所以上あるほか、奇岩や大穴など、自然の雄大さを感じられる壱岐ならではのスポットが点在している。

八幡浦の海中に祀られたはらぼけ地蔵。地獄など六道の苦しみや悩みから救ってくれる

一大国(一支国)として『魏志倭人伝』に登場

幡鉾川の下流にある「原の辻遺跡」は、『魏志倭人伝』に記載のある「一大國(一支國)」の都だといわれており、国の特別史跡に指定されている。「壱岐市立一支国博物館」には、弥生〜古墳時代の土器や石器を中心に約2000点が展示され、一支国の歴史を深く知ることができる。

壱岐市立一支国博物館(長崎県埋蔵文化財センター)
いきしりついしこくはくぶつかん(ながさきけんまいぞうぶんかざいせんたー)

MAP P.88-[1]

📞0920-45-2731 芦辺港から6.3km 長崎県壱岐市芦辺町深江鶴亀触515-1 8:45〜17:30 月曜(祝日の場合は翌日) 無料 Pあり

1670点が重要文化財。さまざまな体験もできる

ACCESS アクセス

- 長崎空港
- ↓ 飛行機で30分
- 壱岐空港

- 博多港
- ↓ 高速船ジェットフォイルで1時間10分
- 郷ノ浦港

博多港から郷ノ浦港まではフェリーもあり、2時間20分。芦辺港までは高速船ジェットフォイルで1時間5分、フェリーで2時間10分。唐津東港から印通寺港へのフェリーは所要1時間40分。

INFORMATION 問い合わせ先
壱岐市観光連盟 📞0920-47-3700

DATA 観光データ
所 長崎県壱岐市 開休料 見学自由 P 各スポットの駐車場利用

BEST TIME TO VISIT 訪れたい季節
対馬暖流の影響を受ける壱岐島は、年間を通して温暖な海洋性気候。海水浴で賑わう夏がベストシーズンといわれているが、過ごしやすさを求めるなら春・秋がおすすめ。壱岐名物ウニを味わうなら、漁期の4月中旬〜10月中旬頃。ウニの種類によって時期が変わるので注意。

写真:(一社)壱岐市観光連盟

ここは訪れたい島内のスポット

自然の芸術と神秘、島の歴史と文化にふれられるスポットが満載!動物とのふれあいも楽しめる。

海と奇岩が楽しめる**絶景クルーズ**

海の宮殿や蛇ヶ谷の断崖絶壁など見どころ満載

辰の島遊覧船
たつのしまゆうらんせん

MAP P.88-[2]

壱岐の北西約2kmに位置する無人島・辰ノ島を周遊。エメラルドグリーンの海と玄界灘の荒波がつくる奇岩・断崖が見どころ。
☎0920-42-2020（JF勝本町観光案内所）❺芦辺港から10km ➌長崎県壱岐市勝本町勝本浦575-61 ❿10:00～16:40 ❼定期便は3～11月 ❾遊覧1500円、渡船700円 ❷あり

4月上旬～11月は1日6便運航。上陸プランもある

見れば見るほど猿!**自然がつくるアート**

何万年もの歳月をかけて波や風化作用でできた

猿岩
さるいわ

MAP P.88-[4]

島の西部・黒崎半島の先端にある、高さ約45mの玄武岩。その名のとおりそっぽを向いた猿にそっくり。壱岐島誕生の神話に出てくる八本柱のうちのひとつで、時間帯によって表情も変わる。展望所の近くには黒崎砲台跡がある。
❺郷ノ浦港から12km ➌長崎県壱岐市郷ノ浦町新田触870 ❼❾見学自由 ❷あり

壱岐イルカパーク＆リゾート
いきイルカパーク＆リゾート

MAP P.88-[3]

入り江を利用して造られた海浜公園で、バンドウイルカが飼育されている。1日2回（10時～、14時30分～）に実施される「トレーニングタイム」では、訓練の様子が見学できる。
☎0920-42-0759 ❺郷ノ浦港から15km ➌長崎県壱岐市勝本町東触串山2668-3 ❿9:30～17:30 ❼不定休 ❾1000円 ❷あり

自然に近い**イルカに出会う**

1日4回のイルカとのふれあい体験（有料）もある

春分・秋分の日には**夕日が穴を貫通**

波によって浸食された海蝕洞が陥没してできた

鬼の足跡
おにのあしあと

MAP P.88-[5]

壱岐島の西端、牧崎の先端に位置するこの穴は、周囲約110mの巨大な円形。大鬼が鯨を捕まえるために踏ん張った跡など、由来は諸説ある。
☎0920-48-1130（壱岐市観光課）❺郷ノ浦港から7km ➌長崎県壱岐市郷ノ浦町渡良東触1956-2 ❼❾見学自由 ❷あり

原の辻一支国王都復元公園
はるのつじいきこくおうとふくげんこうえん

MAP P.88-[6]

国の特別史跡である原の辻遺跡の調査が終わった部分を整備した公園。中心域では一支国の王都として栄えた弥生時代後期の姿を復元している。
☎0920-45-2065 ❺芦辺港から6.5km ➌長崎県壱岐市芦辺町深江鶴亀触1092-5 ❿日の出から日没まで（ガイダンス館9:00～17:30）❼無休（ガイダンス館は水曜）❾無料 ❷あり

古代の暮らしを**擬似体験**

数々の歴史を塗り替える貴重な発見があった場所

小島神社
こじまじんじゃ

MAP P.88-[7]

海に浮かぶ小さな島に建つ神社。大潮の干潮時、島に向かって一直線の参道が現れ、歩いて参拝することができる。古くから人々に崇められてきた神聖な場所。
☎0920-45-1263（寄八幡神社）❺芦辺港から5km ➌長崎県壱岐市芦辺町諸吉二亦触1969 ❼❾境内自由 ❷あり

まるで、日本の**モン・サン・ミッシェル**

恋愛成就や縁結びのパワースポットとしても有名

物語を紡ぐ島々

鹿児島県 MAP P.188 A-3

奄美大島
あまみおおしま

東洋のガラパゴスで
亜熱帯の希少生物と出会う

物語を紡ぐ島々

淡水と海水が混じり合う汽水域に広がるマングローブの森。カヌーでマングローブを散策するツアーなら、貴重な自然や生物を間近で観察できる

> 亜熱帯の動植物に透き通る海、独特の生態系や文化が息づく島。
> 美しい自然のなかで、ゆっくりと流れる島時間を堪能したい。

鹿児島本土と沖縄本島のほぼ中間に位置する奄美群島の主要な島。本土と陸路で繋がれていない離島としては、沖縄本島に次いで人口が多い。手つかずの自然が多く残されており、島の大部分を占める森には亜熱帯の生物が多く生息。世界に類をみない多様性と希少性を併せ持つ価値が認められ、2021年には世界自然遺産に登録された。さらに、海中が青く透けて見えるほどの透明度を誇るビーチが島内各所にあり、リゾート感が味わえるのも魅力だ。島唄や伝統工芸品など、古くから伝わる独自の文化も堪能したい。

ACCESS
アクセス

福岡空港
↓ 飛行機で1時間10分
奄美空港

羽田や伊丹、関西、鹿児島、那覇空港など、各都市から便がある。フェリーの場合は鹿児島新港から11時間、那覇空港から13時間。北部の名瀬港と南部の古仁屋港に停泊する。奄美大島横断には、車で3時間ほどかかる。

INFORMATION
問い合わせ先

あまみ大島観光物産連盟
0997-53-3240
奄美市紬観光課 0997-52-1148
龍郷町企画観光課 0997-69-4512
大和村企画観光課 0997-57-2117

DATA
観光データ

所 鹿児島県奄美市、鹿児島県奄美群
開休料 見学自由 P 各スポットの駐車場利用

BEST TIME TO VISIT
訪れたい季節

一般的にベストシーズンは3〜10月とされ、特に6月下旬〜7月中旬の梅雨明けの時期が人気。ただし、人気のシーズンは観光客が多く混雑する。奄美の年間平均気温は21℃と暖かいため、混雑を避けたい場合は冬もおすすめ。

マングローブの森の中、カヌー体験

日本とは思えない壮大な景色が広がるマングローブの森へ大冒険に出発!

マングローブ原生林が広がる「黒潮の森 マングローブパーク」。園内には、奄美大島の自然について学べる施設や道の駅 奄美大島住用があり、カヌー体験や自然観察など、さまざまなアクティビティを楽しむことができる。

黒潮の森 マングローブパーク
くろしおのもり マングローブパーク

MAP P.92-①

☎0997-56-3355 交奄美空港から49km 所鹿児島県奄美市住用町石原478 開9:30〜18:00 休無休 料無料 Pあり

1 独特の生態系を持つマングローブは、まるでジャングル。双眼鏡を使った生き物の観察も◎ / 2 マングローブの森をカヌーで漕ぎ出す体験は格別。静寂な水面上を漂いながら、周囲の自然を満喫

あやまる岬 7
倉崎海岸 3
金作原原生林 6
マテリヤの滝 4
田中一村記念美術館 P.94
土盛海岸 2
5 ハートロック
1 黒潮の森 マングローブパーク
奄美大島

ここは訪れたい島内のスポット

ブルーに輝く海に豊かな森、手つかずの自然が美しい奄美の絶景スポットへ。道中で貴重な動物に会えるかも。

土盛海岸
ともりかいがん

MAP P.92-②

島北部にある絶景ビーチ。白い砂浜と海のコントラストが美しく、奄美大島を代表する観光スポットのひとつになっている。

🛬奄美空港から4km 📍鹿児島県奄美市笠利町 🕐見学自由 🅿️あり

グラデーションが美しいビーチ

その美しさから、ブルーエンジェルとも呼ばれる

白い砂浜と海のコントラストが美しい

ダイビングやウインドサーフィンのメッカでもある

倉崎海岸
くらさきかいがん

MAP P.92-③

白い砂浜と青く透明度の高い海が美しい、楽園のようなビーチ。遠浅の海中にはサンゴ礁が広がっていて、ダイビングやシュノーケリングでその神秘的な世界を楽しめる。

🛬奄美空港から14km 📍鹿児島県龍郷町芦徳 🕐見学自由 🅿️あり

マテリヤの滝
マテリヤのたき

MAP P.92-④

マテリヤとは、島言葉で太陽が輝く滝つぼという意味。森の中でひっそりと流れ落ち、太陽に照らされる滝の美しさは格別。

🛬奄美空港から60km 📍鹿児島県大和村名音深山塔 🕐見学自由 🅿️あり

ハートロック

MAP P.92-⑤

手広海岸にある、干潮時にだけ姿を現すハート形の潮だまり。SNS映えすると人気のスポットだ。

🛬奄美空港から10km 📍鹿児島県龍郷町赤尾木 🕐見学自由 🅿️あり

恋の成就を願うパワースポット

潮位が80cm以下の干潮時が最も美しく見える

太陽光で輝く神秘的な滝

森林浴公園・奄美フォレストポリス内にある

独特の生物多様性は東洋のガラパゴス

高さ10mにもなるヒカゲヘゴが林立

金作原原生林
きんさくばるげんせいりん

MAP P.92-⑥

奄美大島の豊かな自然を代表する原生林。亜熱帯の貴重な生態系がそのままの姿で残されている。ガイドなしでは立ち入りできないので注意。

🛬奄美空港から48km 📍鹿児島県奄美市名瀬朝戸金作原 🕐ツアーガイドの時間 🚫無休 💴ツアーガイド料 🅿️なし

あやまる岬
あやまるみさき

MAP P.92-⑦

岬の形が綾織りの毬に似ていることが由来の、太平洋を一望する岬。

📞0997-63-8885（MISHORAN CAFE）

🛬奄美空港から6km 📍鹿児島県奄美市笠利町須野 🕐見学自由 🅿️あり

太平洋に突き出た絶景スポット

周辺にはサンゴ礁やソテツの群生も

アマミノクロウサギは、世界で奄美大島と徳之島にだけ生息する国の特別天然記念物

物語を紡ぐ島々

COLUMN

亜熱帯の植物や鳥を描いた画家

奄美の自然に魅了された田中一村

2024年に東京都美術館で回顧展が開かれるなど、現代において作品が高く評価されている田中一村。中央画壇への絶望から訪れた先で島特有の自然や信仰に惹かれ、奄美が終の住処となった。生涯日の目を見ることはなかったが、独特の画風が注目を集め、死後脚光を浴びるように。

島の各地で見られるソテツの群生。薪や肥料など生活にも活用されてきた

田中一村作品を国内最大収蔵。約80点の作品を常設展示

田中一村記念美術館
たなかいっそんきねんびじゅつかん

奄美パーク内にある、田中一村作品を常設展示している美術館。《不喰芋と蘇鐵》や《初夏の海に赤翡翠》など、50歳で奄美に移住してから描いた作品をはじめ、生涯にわたる作品を展示している。幼少期から神童といわれ東京美術学校(現・東京芸術大学)に入学するも2カ月で中退して一家の生計のために描いていたとされる東京時代、公募展に作品を出品するなど画家としてのアイデンティティを模索していた千葉時代、中央画壇で評価されず絶望の先に移り住んだ奄美時代と、作風の移り変わりに注目。

鹿児島県　MAP P.188 B-3

☎0997-55-2635　🚗奄美空港から3km　🏠鹿児島県奄美市笠利町節田1834　⏰9:00〜18:00(7・8月は〜19:00)　休第1・3水曜(祝日の場合は翌日)　￥520円　Pあり

奄美の高倉(高床式倉庫)をイメージした展示室は、地元の素材をふんだんに使用

《不喰芋と蘇鐵》
くわずいもとそてつ　田中一村画 個人蔵・田中一村記念美術館寄託 ©2024 Hiroshi Niiyama

昭和48年(1973)頃に描かれたとされる作品。人が入れるほど大きな葉を持つクワズイモやソテツなどの植物が生い茂る先に、海に浮かぶ立神(海からやってくる神が立ち寄る岩山)が見える。特徴的な色彩と遠近感が際立ち、生涯の最高傑作のひとつといわれる。一村自身も「閻魔大王への土産品」として、手放すのをためらうほどだったとか。

癒やしの露天温泉

日本全国の温泉源泉のうち、
3分の1が集まるという九州地方。
海や山、光に照らされた街並みを見ながら
効能高い湯に浸かり、身も心もリフレッシュ。

大分県 MAP P.187 E-3
別府温泉 杉乃井ホテル
べっぷおんせん すぎのいホテル

5段からなる棚田状の湯船に
別府湾に昇る朝日が射し込む

癒やしの露天温泉

別府温泉を代表する大展望露天風呂「棚湯」。別府湾や街の夜景を望む眺めはそのままに、サウナエリアが拡充されるなど、より魅力的に

1「アクアガーデン」で開催される、水と光と音が織りなす噴水ショー／**2** 大分名産のシイタケやかぼすなどのモニュメントが設置された庭園「ソラニワ」／**3** 別府の雄大な景色を眺める大きな窓が特徴の宙館客室／**4** レストランは全部で3カ所。シェフこだわりの料理をビュッフェスタイルで楽しめる

> レストランやエンターテインメント施設が充実！
> 多彩な湯船で絶景を楽しめる温泉のテーマパーク。

九州を代表する温泉地・別府温泉の高台に位置する温泉リゾートホテル。「別府のテーマパーク」といわれるほど、豊富な温泉施設やエンターテインメント施設を備える。大展望露天風呂「棚湯」は5段の湯船が棚田のように連なり、別府湾を一望する眺めが魅力。水着で楽しむ屋外型温泉「アクアガーデン」も好評。3棟ある宿泊棟のなかでも、敷地内で最も高い場所にある宙館と2025年に開業した星館は、特に眺望が美しい。星館最上階にあるレストランは一部が天窓になっており、開放感がある空間で食事を楽しめる。

ACCESS
アクセス

大分空港
↓ 車で30分
速見IC
↓ 車で10分
別府IC

別府ICから県道216号などを経由して、車で7分。JR別府駅西口からは、1時間に1〜3本、無料送迎バスがある。JR別府駅内にはシャトルバスの待ち時間に利用できる案内所もある。

INFORMATION
問い合わせ先

別府温泉 杉乃井ホテル
☎0977-24-1141
別府市観光協会
☎0977-24-2828

DATA
宿泊データ

[所]大分県別府市観海寺1 [営]IN15:00/OUT11:00 [料]宙館スタンダードツインルーム1泊2食付1万8500円〜 [P]あり

BEST TIME TO VISIT
訪れたい季節

露天風呂から望む別府温泉街の夜景や、別府湾から昇る朝日は圧巻。この美しい景色は、どの季節に訪れても楽しめる。ただし、屋内レジャープール「アクアビート」を楽しみたいなら、夏季限定営業のため夏に訪れよう。

癒やしの露天温泉

海抜約250mからの絶景が広がる、宙館宿泊者専用の展望露天風呂「宙湯」

夜の始まり、深い夜、夜明け前と、3種の空に浮かぶ星の光をイメージした星館の客室

★別府温泉 杉乃井ホテル

周辺のスポット

湯けむり展望台
ゆけむりてんぼうだい
MAP P.99

鉄輪温泉街や周辺の山を一望する展望台。湯けむりが上がる街並みが眺められる。
[交]大分自動車道・別府ICから5km [所]大分県別府市鉄輪東8組(ロイヤルタウン大観山) [営]8:00〜21:00(湯けむりライトアップ土・日曜、祝日19:00〜21:00) [休]無休 [料]無料 [P]あり

湯けむりが立ち昇る温泉街を一望

毎週土・日曜、祝日には湯けむりライトアップを実施

鹿児島県 MAP P.189 E-4

ヘルシーランド露天風呂 たまて箱温泉
へるしーらんどろてんぶろ たまてばこおんせん

竜宮伝説に耳を傾け
開聞岳と東シナ海に心ときめく

周辺のスポット

山川砂むし温泉 砂湯里
やまがわすなむしおんせん さゆり
MAP P.100-1

天然温泉を利用した砂むし場。大隅半島、東シナ海、開聞岳を一望する伏目海岸で砂むし体験ができる。波の音をBGMに心身をリフレッシュ。

絶景を見ながら
伏目海岸で砂むし

素朴な雰囲気の砂浜でのんびり癒やされる

☎0993-35-2669 指宿スカイライン谷山ICから50km 鹿児島県指宿市山川福元3339-3 8:30〜17:00 水曜 1100円〜（浴衣レンタル代含む） Pあり

> 開放感抜群！和洋2種類の絶景露天風呂。
> 雄大な自然に囲まれて、心身ともにリフレッシュ。

海に面した高台にあり、晴れた日には遠く屋久島や硫黄島なども見渡せ、素晴らしい眺望が目の前に広がる

砂むし温泉や温泉保養館などがあるヘルシーランド内にあり、指宿の雄大な自然と一体になれる露天風呂。和風と洋風の2つの露天風呂があり、男女日替わり制。和風露天風呂からは開聞岳と東シナ海、洋風露天風呂からは別名スヌーピー山とも呼ばれる竹山と海、それぞれ異なる景色を楽しめる。保温効果が高いといわれる塩分を含む温泉は、疲れた体を芯から温め癒やすことができる。

2025年2月現在、改装工事のため休業中。2025年夏以降に営業再開する予定で、再び眺望と温泉で癒やしてくれるだろう。

癒やしの露天温泉

ACCESS
アクセス

鹿児島空港
↓ 車ですぐ
溝辺鹿児島空港IC
↓ 車で30分
鹿児島IC

鹿児島ICから指宿スカイラインなどを経由して、車で1時間15分。JR山川駅から鹿児島交通バス山川桟橋・たまて箱温泉行きなどで15分、終点下車すぐ。

INFORMATION
問い合わせ先

ヘルシーランド露天風呂
たまて箱温泉 ☎0993-27-6966
指宿市観光施設管理課
☎0993-22-2111

DATA
入浴データ

所 鹿児島県指宿市山川福元3292 営 9:30〜19:00最終受付 休 木曜（祝日の場合は翌日）料 900円 P あり

BEST TIME TO VISIT
訪れたい季節

暖かい日は海風を感じながら、寒い日は温泉で温まりながら、一年を通して楽しめる。開放的な露天風呂は日陰が少ないため、暑さが厳しい夏は体調などに注意が必要。※大規模改修工事のため休館中、2025年夏以降に再開予定

長崎鼻
ながさきばな

浦島太郎伝説が残る岬

MAP P.100-2

薩摩半島の最南端に突き出た岬。開聞岳を望む景勝地で、浦島太郎が竜宮へ旅立った岬との言い伝えがある。

交 指宿スカイライン谷山ICから51km 所 鹿児島県指宿市山川岡児ヶ水長崎鼻 料 見学自由 P あり

開聞岳と灯台が美しい。晴れた日は屋久島も望める

長崎県 MAP P.187 D-4
ホテル南風楼
ホテルなんぷうろう

水の都・島原の海岸線
見渡す限りの海と空

> 碧く輝く海を一望する絶景露天風呂。
> まるで海に浮かんでいるような気分を味わおう。

有明海を望む海岸線に位置し、約1000坪の庭園を有する宿。島原湾が広がるロケーションと源泉かけ流しの天然温泉が魅力で、まるで海に浮かんでいるような露天風呂「天空」をはじめ、きめ細かな泡が全身をやさしく包み込む「美泡風呂」や美肌効果が期待できる「シルキーバス」など、多彩な温泉が楽しめる。オーシャンビューの露天風呂付き客室もあり、プライベート空間で温泉と絶景を満喫することも。夕食では、島原半島の新鮮な旬食材をふんだんに使用した創作京風会席を、海や庭園を眺めながら堪能できる。

ACCESS
アクセス

| 長崎空港 |
↓ 車で8分
| 大村IC |
↓ 車で30分
| 諫早IC |

諫早ICから国道57・251号、県道58号などを経由して、車で1時間10分。島原鉄道雲仙公園体育館駅からは徒歩6分。福岡・三池港や熊本新港からの高速船＆フェリーが発着する島原港からは、タクシーで10分。

INFORMATION
問い合わせ先

ホテル南風楼（9:00～18:00）
☎ 0957-62-5111

DATA
宿泊データ

所 長崎県島原市弁天町2-7331-1 営 IN15:00／OUT10:00 料 1泊2食付2万2550円～ P あり

BEST TIME TO VISIT
訪れたい季節

どの季節に訪れてもその美しい海景を堪能できる。気候の良い春のほか、空や海がより青く輝く夏もまた素晴らしい。空気が澄む寒い時期は、よりクリアな絶景が楽しめる。また、人混みを避け、静かに温泉と景色を楽しみたいなら、貸切露天風呂の利用がおすすめ。

癒やしの露天温泉

美しい有明海に面したホテルならではの海絶景が楽しめる。特に日の出は格別

朝日が昇る山の向こうには天孫降臨伝承の地・宮崎県高千穂が。日本のルーツに思いを馳せながら、美肌の湯と評判の島原温泉を満喫

1 旅のスタイルに合わせて選べる11タイプの和モダン客室。広々とした空間が魅力／2 展望大浴場「黄金」。ジャクジーやねころび湯など多彩な湯船で湯めぐり三昧／3 有明海と島原半島の山海の幸を使い、手作りにこだわった夕食

103

大分県 MAP P.187 E-3

山のホテル夢想園
やまのホテルむそうえん

由布岳と由布院盆地に抱かれた 100畳を超える大露天風呂

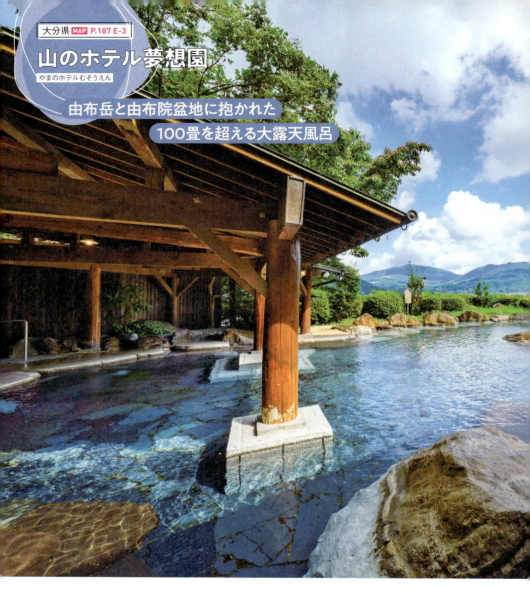

1 男性専用露天風呂「御夢想の湯」は茅葺き屋根の建物が印象的／2 趣の異なる3棟の客室棟には露天風呂付き客室も／3 おおいた和牛や旬の海山の幸を堪能できる会席料理

開放感抜群！由布岳を一望する大スケールの露天風呂。
圧巻の湯量を誇る温泉と絶景を楽しむ温泉宿。

由布院盆地の高台にある由布院温泉の宿。約5000坪の広大な敷地内には、和の趣あふれる3つの宿泊棟や3つの露天風呂などが点在。150畳以上の広さを誇る女性専用露天風呂「空海の湯」や、約100畳の男性専用露天風呂「御夢想の湯」からは由布岳を一望でき、開放的な露天空間と湯量、眺望が自慢。日帰り入浴でその魅力を楽しむことも可能だが、宿泊者は湯上がりに眺望自慢の専用ラウンジでゆっくり過ごすこともできる。夕食は宿泊者専用のお食事会場で、地元食材を使用した季節を感じる会席料理を味わって。

女性専用露天風呂「空海の湯」は、由布岳が赤く染まる夕暮れどきも必見。季節や時間帯で刻々と変化する絶景を楽しめる

癒やしの露天温泉

ACCESS
アクセス

大分空港
↓ 車で30分
速見IC
↓ 車で15分
湯布院IC

湯布院ICから国道210号、県道11号を経由して、車で8分。JR由布院駅や、大分空港や福岡空港からの高速バスが発着する由布院駅前バスセンターからは、それぞれタクシーで7分。

INFORMATION
問い合わせ先

山のホテル夢想園 ☎0977-84-2171
由布市ツーリストインフォメーションセンター ☎0977-84-2446

DATA
宿泊データ

所 大分県由布市湯布院町川南1243
営 IN15:00／OUT11:00 料 1泊2食付2万8850円～ P あり

BEST TIME TO VISIT
訪れたい季節

どの季節に訪れても、雄大な由布岳の絶景を眺めながら湯浴みが楽しめるが、茜色に包まれる夕方や紅葉に彩られる秋の風景は特に圧巻。絵画のような美しい光景が広がる。また、秋～冬の朝は、外気との温度差で朝霧が立ち込め、幻想的な雰囲気を楽しむことができる。

周辺のスポット

由布岳の麓、金鱗湖方面へ続く約800mの通り

湯の坪街道
ゆのつぼかいどう
MAP P.104

JR由布院駅から徒歩約10分。ショップや飲食店などが軒を連ね、多くの観光客で賑わう湯布院の目抜き通り。

大分自動車道・湯布院ICから3.5km 所 大分県由布市湯布院町川上 休料 散策自由 P なし

雄大な由布岳を望む目抜き通り

佐賀県 MAP P.186 C-3

唐津シーサイドホテル
からつシーサイドホテル

天然温泉インフィニティプール
空や海と一体になる

波音をBGMに、多彩な温泉施設と美しい景色を満喫。
全室オーシャンビューのリゾートで癒やしのひととき。

約100万本のクロマツが自生する特別名勝「虹の松原」に隣接し、雄大な唐津湾が目の前に広がるリゾートホテル。館内は上質なインテリアが配された贅沢な空間で、海絶景を一望する東館屋上の天然温泉インフィニティプール「ルーフトップサーマルバス」が魅力。ほかにも、大浴場や屋外プール、ラウンジなど施設も充実。客室は全室オーシャンビューで、景色を堪能しながら癒やしとくつろぎの時間が過ごせる。湯上がりは名物のイカをはじめとする海鮮や、佐賀牛などの地元食材を使った夕食を味わおう。

露天風呂から海景色を望む。冷え性や疲労回復などに効果が期待できる温泉を堪能しよう

屋上インフィニティプールは東館宿泊者専用で、水着を着用し、男女一緒に楽しめる。露天風呂やサウナ、岩盤浴、屋内外プールなども完備

ACCESS
アクセス

福岡空港
↓ 車ですぐ
半道橋入口
↓ 車で1時間
唐津IC

唐津ICから県道258・247号などを経由して、車で12分。JR東唐津駅からは徒歩20分。JR唐津駅からはタクシーで10分。

INFORMATION
問い合わせ先

唐津シーサイドホテル
☎0955-75-3300
唐津駅総合観光案内所
☎0955-72-4963

DATA
宿泊データ

所佐賀県唐津市東唐津4-182 営IN 15:00／OUT11:00 休無休 料1泊2食付2万3800円～ Pあり

BEST TIME TO VISIT
訪れたい季節

どの季節も素晴らしい景色が見られるため、プールやBBQを楽しむなら夏、ユネスコ無形文化遺産に登録された「唐津くんち」を見るなら秋と、目的に合わせて訪れたい。また、唐津名物イカの旬に合わせて訪れるのも◎。甲イカは2～6月頃など種類によって異なるので注意。

癒やしの露天温泉

周辺のスポット

鏡山展望台
かがみやまてんぼうだい

日本三大松原と唐津湾を一望

MAP P.107

標高284mの鏡山山頂に位置する展望台。日本三大松原のひとつである虹の松原や唐津湾を一望できる絶景スポット。特に、夕焼けの美しさは格別。

交西九州自動車道・唐津ICから10km 所佐賀県唐津市鏡山 時入料見学自由 P140

周辺には休憩所や芝生の広場が整備されている

1 客室は東館と西館に分かれ、全室でオーシャンビューが楽しめる／2 夕食は、バイキングと日本料理から好みに合わせて選べる

熊本県 MAP P.187 E-4

瀬の本高原ホテル
せのもとこうげんホテル

天然のプラネタリウムが広がる
高原の天空露天

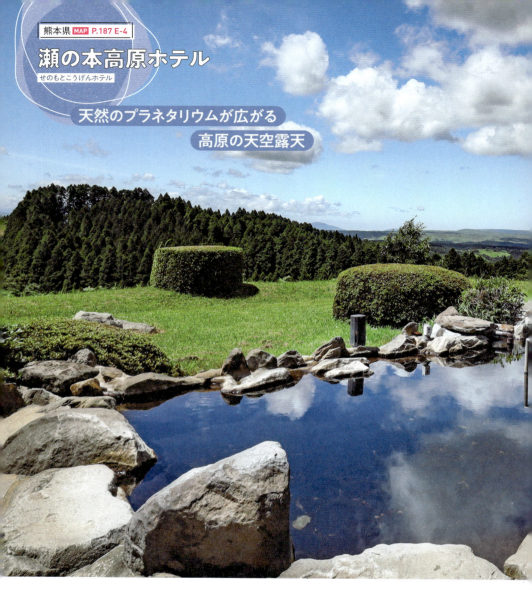

1 満天の星を温泉に浸かりながら見られる／2 ナチュラルテイストの新館と露天風呂付き客室もある本館に全67室ある客室は、全室から阿蘇の絶景を望む／3 ご当地グルメなど50種以上のメニューが揃う夕食バイキング

阿蘇の高原に建つホテルは、絶景を眺める特等席。
広い夜空に光る無数の星や阿蘇の大自然を堪能しよう。

標高920mの瀬の本高原にある、約5万坪の広大な敷地を誇る高原リゾートホテル。客室やダイニング、温泉などからは、阿蘇五岳をはじめとする阿蘇の大自然を一望。展望大浴場「洗心の湯」や露天風呂「絶景鼻の湯」では、日中は雄大な阿蘇の景色を、夜は満天の星を眺めながら湯浴みを楽しむことができる。星のソムリエ・星空案内人の資格をもつスタッフによるアクティビティ「星空さんぽ」も大人気。朝食は地元食材を使ったバイキングを、ダイニングの開放的なテラス席で絶景とともに堪能しよう。

露天風呂「絶景鼻の湯」では、星を見えやすくするため、照明は最低限に抑えている。目の前に広がる大草原では、草をはむ牛たちを眺めることも

癒やしの露天温泉

ACCESS
アクセス

大分空港
↓ 車で30分
速見IC
↓ 車で25分
九重IC

九重ICから四季彩ロード、ぐるっとくじゅう周遊道路などを経由して、車で45分。阿蘇くまもと空港からはやまなみハイウェイなどを経由して、車で1時間10分。

INFORMATION
問い合わせ先

瀬の本高原ホテル
☎ 050-1721-9577

DATA
宿泊データ

所 熊本県南小国町満願寺5644 営 IN15:00／OUT10:00 休 不定休 料 1泊2食付2万350円〜 P あり

BEST TIME TO VISIT
訪れたい季節

どの季節に訪れても、それぞれに異なる美しさを堪能できる。春は新緑、夏はみずみずしい緑が広がり、秋は黄金色に輝く草原が楽しめる。星空観察を目的に訪れるなら、どんな星を見たいかで訪れる時期が変わる。夏の大三角なら夏、オリオン座なら冬など、見える星座が異なるので、好みに合わせて訪れよう。

109

大分県 MAP P.187 F-3

CITY SPA てんくう
シティスパてんくう

地上80mの屋上露天で海・山・夜景のマリアージュ

露天風呂から眺める圧巻の景色。女湯には、露天風呂用に湯浴み着が用意されているので安心

開放的な空間で、温泉やサウナ、ボディケア・トリートメントなど多彩な癒やしを満喫。パノラマ絶景を眺めながら、日常から解き放たれる至福のひとときを。

JR大分駅直結のホテル・JR九州ホテルブラッサム大分19〜21階にある温泉施設。館内は4つのエリアからなり、温泉・サウナエリアにある地上80mの高さから大分の街並みや別府湾、雄大な山々を見渡せる自慢の露天風呂では、絶景とともに天然温泉と高濃度炭酸泉の2種類の湯が楽しめるのが魅力。ヒーリングエリアでは岩盤浴を、「カフェバーてんくう」では大分名物の唐揚げや郷土料理・りゅうきゅうなどを楽しむことができるほか、ボディケア・トリートメントエリアもあり、極上の癒やしを満喫できる。

ACCESS
アクセス

大分空港
↓ 車で30分
速見IC
↓ 車で18分
大分IC

大分ICから県道21号などを経由して、車で10分。JR大分駅からは、府内中央口(北口)を出て右手にある直通エレベーターを利用。

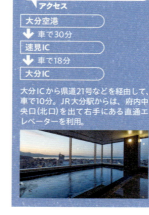

INFORMATION
問い合わせ先
CITY SPA てんくう　097-513-2641

DATA
入浴データ

所 大分県大分市要町1-14JRおおいたシティ19〜21階 営 11:00〜24:00 休 不定休 料 1800円〜 P JRおおいたシティの駐車場(第1〜第4)利用。5時間無料

BEST TIME TO VISIT
訪れたい季節

一年を通して安定的に絶景を眺められるため、どの季節に訪れてもOK。フィンランド産の香花石を使ったフィンランドサウナやアロマスチームサウナで汗を流したあとに外気浴でととのうこともできるので、サウナ好きには寒い季節もおすすめ。

長崎県 MAP P.186 C-4

海上露天風呂
波の湯 茜
かいじょうろてんぶろ なみのゆ あかね

テトラポッドの上にたたずむ湯船
海景と波の音を独り占め

目線とほぼ同じ高さに海面がある海上露天風呂。裏手にある貸切温泉施設「YUASOBI」では、蒸気サウナが楽しめる

癒やしの露天温泉

海を間近で感じられる波打ち際で、潮騒を聞きながらの入浴は格別。
完全貸切のプライベート空間で、心身ともにリフレッシュ。

島原半島の西側、橘湾(たちばなわん)内の波消ブロックの上にある海上露天風呂。満潮時には湯船と海面の距離がわずか20cmほどになり、まるで海の上に浮かんでいるような感覚。夕暮れどきは、夕日が海を染める様子が幻想的で息をのむ美しさ。夜は海に浮かぶ漁船の漁火(いさりび)を眺めることも。完全予約制の貸切なので、周囲を気にせずゆったりと過ごせるのも魅力のひとつ。橘湾の美しい景色を眺めながら、保温効果が期待できる小浜温泉に浸かる贅沢な体験を楽しんで。隣接する貸切温泉「YUASOBI」でも温泉が楽しめる。

ACCESS
アクセス

長崎空港
↓ 車で8分
大村IC
↓ 車で30分
諫早IC

諫早ICから県道125号、国道251号などを経由して、車で45分。長崎駅などからバスが発着する小浜バスターミナルからは徒歩7分。徒歩3分ほどの場所には、湯が湧き出る湯棚や日本一長い足湯(→P.182)がある。

INFORMATION
問い合わせ先

海上露天風呂 波の湯 茜
0957-76-0883

DATA
入浴データ

所 長崎県雲仙市小浜町マリーナ20
営 10:00〜23:00 休 不定休 料 3000円(4名利用、50分貸切)※要予約 P あり

BEST TIME TO VISIT
訪れたい季節

天候次第では休業の場合もあるため、台風の時期などは避けたほうが無難。日中の大迫力の景色も素敵だが、やはりおすすめは夕方。茜色に染まる空と水平線に沈む夕日は感動的。満天の星の下で温泉を楽しむ夜もいい。

111

COLUMN

7つの地獄と呼ばれる源泉が点在

特異な景観が広がる『べっぷ地獄めぐり』へ

100℃もある噴気、ボコッボコッと吹き出る熱泥、ときに青く、ときに赤く池の一面を染める熱湯。「これがあの世」と思わせる7地獄をまわる「べっぷ地獄めぐり」は別府観光の目玉だ。

べっぷ地獄めぐり
べっぷじごくめぐり

湯けむりが街のあちこちから立ち昇る、昔ながらの湯治宿・別府。自然に湧出する源泉が特異な景観をつくり出している国指定名勝「地獄」がある。

大分県 MAP P.187 E-3

☎0977-66-1577(別府地獄組合) 交東九州自動車道・別府ICから3km 所大分県別府市鉄輪～野田 時8:00～17:00 休無休 料各500円(共通観覧券2400円)

神秘的なブルーに魅入られそう

海地獄
うみじごく

噴気たなびくさわやかなコバルトブルーの池。実は温度が100℃近くある源泉で、1200年前の鶴見岳噴火で生まれた。地獄で茹でる名物ゆで卵が人気。
MAP P.99

1丁目から6丁目まで地獄三昧

かまど地獄
かまどじごく

気温や天候で色が変わる源泉や、熱泥、赤鬼がいるかまどなど、1丁目から6丁目までさまざまな地獄がある。
MAP P.99

迫力の噴出に大地の力を実感

龍巻地獄
たつまきじごく

105℃もの温泉が1日に600tも一定間隔で豪快に噴き出す間欠泉地獄。安全を考慮して石の屋根が設けられている。
MAP P.99

背筋がゾクゾクするワニ地獄

鬼山地獄
おにやまじごく

クロコダイルやアリゲーターなど約70頭のワニがいる、思わず足がすくみそうになる地獄。大正12年(1923)に、日本で初めて温泉の熱を利用してワニの飼育を始めた。
MAP P.99

池一面が血の色をした最強地獄

血の池地獄
ちのいけじごく

奈良時代の『豊後国風土記』にも記され、日本最古といわれる地獄。大きな池には酸化鉄などを含む熱泥が1日に約1800tも吹き出し、まさに地獄を見る思いがする。
MAP P.99

「地獄絵図」がリアルに迫る!?

鬼石坊主地獄
おにいしぼうずじごく

まるで坊主頭のような熱泥がボコッボコッと噴き出て、昔から人々が想像してきた地獄の光景のよう。隣接して温泉館「べっぷ鬼石の湯」がある。
MAP P.99

地獄が控える趣ある和風庭園

白池地獄
しらいけじごく

大きな池を配した落ち着いた雰囲気の和風庭園と思いきや、池は温度が95℃もある地獄。その色は時間や時期によって青白色に変化する。
MAP P.99

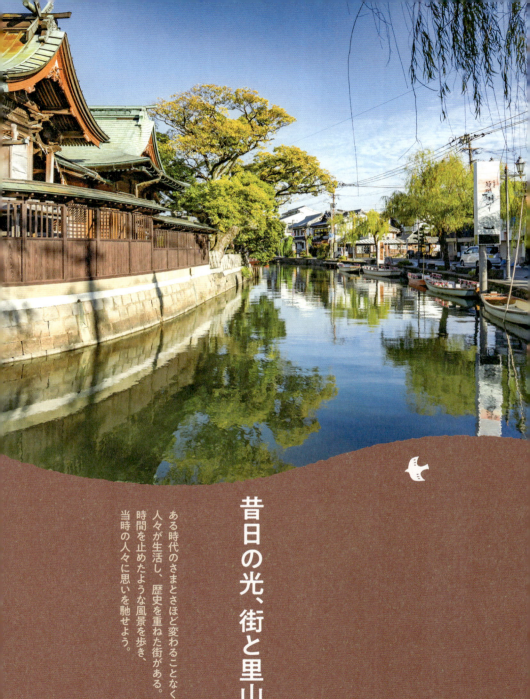

昔日の光、街と里山

ある時代のさまとさほど変わることなく
人々が生活し、歴史を重ねた街がある。
時間を止めたような風景を歩き、
当時の人々に思いを馳せよう。

大分県 MAP P.187 F-3

杵築
きつき

海風が吹く城下町
武士と商人が歩いた坂道をゆく

昔日の光、街と里山

石畳が美しい志保屋の坂から谷町通りを挟んで反対側の酢屋の坂が見える。江戸時代の暮らしを垣間見ることができる場所だ

> 古い石畳や漆喰の壁などが残る街並みは、国の重要伝統的建造物群保存地区に選定。
> 長い歴史と文化を育んできた美しい城下町をぶらり。

杵築城が岬の突端にそびえ、内陸の南北の高台に武家屋敷、その谷間に商人の町が築かれた城下町。南台側が志保屋(塩屋)の坂、北台側が酢屋の坂とよばれ、これら2つの坂の名は坂下の入口にあった商家にちなむ。商人の町と武家屋敷の町をつなぐ通りの多くは坂道となっており、坂の上からはもちろん、石畳に土塀や石垣が続く武家屋敷通りから眺める景色もダイナミック。杵築城下町のメインストリート・商人の町には、古民家を利用したカフェやショップなどが立ち並び、散策を楽しむことができる。

53段ある勘定場の坂のうち上から24段目の石段には富士山が描かれている

ACCESS アクセス

福岡空港
↓ 車で15分
太宰府IC
↓ 車で1時間40分
杵築IC

杵築ICから杵築城までは、県道49号などを経由して、車で8分。JR杵築駅からは国東観光バス杵築バスターミナル行きで10分、終点下車、徒歩12分。大分空港からは国道213号などを経由して、車で25分。

INFORMATION 問い合わせ先

杵築市観光協会
☎0978-63-0100

DATA 観光データ

所 大分県杵築市 開休料 見学自由 P 共同の無料駐車場あり

BEST TIME TO VISIT 訪れたい季節

どの季節に訪れてもその魅力を楽しめる場所。四季の楽しみでいうと、春は城下町のあちこちに桜が咲き誇り、美しい風景が広がる。特に、杵築城と桜のコラボレーションは格別。2月中旬～3月中旬はひな祭りイベントである「ひいなめぐり」で賑わう。着物を着て散策するのも風情があって素敵。

杵築の歴史は古く、室町時代からはじまる

室町時代に築城された木付(杵築)城を中心に発展してきた杵築。江戸時代には武家屋敷が立ち並び、3万2000石の城下町として栄えた。

きつき城下町資料館
きつきじょうかまちしりょうかん
MAP P.116-①
☎0978-62-5750 大分空港道路・杵築ICから4km 所 大分県杵築市南杵築193-1 開 10:00～16:30最終入場 休 水曜(祝日の場合は翌平日) 料 300円 P あり

資料館では杵築の歴史や文化に関する資料を展示

ここは訪れたい周辺のスポット

杵築城周辺には、当時の暮らしをうかがい知る邸宅などが点在。城下町の住人になった気分で散策を楽しもう。

杵築城
きつきじょう
MAP P.116-②

杵築の地名は「木付」だったが、徳川幕府の朱印状に誤って「杵築」と記されたことで杵築城に。本丸跡は城山公園になっている。
☎0978-62-4532 ◇大分空港道路・杵築ICから4km ◆大分県杵築市杵築16-1 ⊙10:00～17:00(最終受付16:30) ⊗無休 ¥400円 Pあり

海にせり出した眺望の良い城

天守からは市内と守江湾が一望できる

大原邸
おおはらてい
MAP P.116-③

家老などの要職を務めた上級武士の屋敷で、長屋門に茅葺き屋根や回遊式庭園など格式の高さを誇る。
☎0978-63-4554 ◇大分空港道路・杵築ICから3km ◆大分県杵築市杵築207 ⊙10:00～17:00(最終受付16:30) ⊗無休 ¥300円 P周辺駐車場利用

庭園が美しい武家屋敷

酢屋の坂の上の北台武家屋敷群にある

藩校の門
はんこうのもん
MAP P.116-⑤

天明8年(1788)、7代藩主・親賢により設立された藩校「学習館」の藩主御成門。藩校模型学習館には、「学習館」の復元模型を設置公開している。
◇大分空港道路・杵築ICから3km ◆大分県杵築市杵築 ⊗⊙見学自由 P周辺の無料駐車場利用

能見邸
のうみてい
MAP P.116-④

大原邸の隣、格式ある徳川家直系の家柄の邸宅。
☎0978-62-0330 ◇大分空港道路・杵築ICから3km ◆大分県杵築市杵築北台208-1 ⊙10:00～17:00(最終受付16:30) ⊗無休 ¥無料 P周辺の無料駐車場利用月

武家屋敷で和スイーツ

スイーツや食事が楽しめる甘味処を併設

江戸時代から残る現役の小学校校門

現在でも杵築小学校の裏門として活用されている

中根邸
なかねてい
MAP P.116-⑥

代々杵築藩の筆頭家老などの要職を務めた中根氏の隠居宅。茶の湯を楽しんだ往時の閑雅な趣がある。
◇大分空港道路・杵築ICから3km ◆大分県杵築市南杵築193-1 ⊙10:00～17:00(最終受付16:30) ⊗水曜 ¥無料 Pきつき城下町資料館駐車場利用

栄華が偲ばれる家老の隠居宅

茶室や水屋などが設けられている

一松邸
ひとつまつてい
MAP P.116-⑦

杵築市の初代名誉市民となった一松定吉氏の邸宅。約10mの杉を使った縁桁など、贅と粋を凝らした建築が見られる。
☎0978-62-5761 ◇大分空港道路・杵築ICから3km ◆大分県杵築市南杵築193-1 ⊙10:00～17:00(最終受付16:30) ⊗無休 ¥150円 Pあり

杵築城と海を望む邸宅

贅を尽くした造りは見事。四季折々の風景も見どころ

昔日の光、街と里山

鹿児島県 MAP P.189 D-3

知覧
ちらん

京文化が薫る武家屋敷群
母ヶ岳を借景にした端正な庭園

昔日の光、街と里山

屋敷地は街路より一段高く整地され、その土留めとして切石や玉石で石垣が築かれている

母ヶ岳の優美な姿を背景として、約280年前の武家屋敷が連なる知覧。
歴史が薫る武家屋敷や庭園が見られ、特攻基地が置かれた歴史を今に伝える。

藩内の人口の4分の1を武士が占めたという薩摩藩の「人をもって城となす」という理念のもと築かれた外城のひとつ。切石や玉石を積んだ石垣の上に表情豊かな生垣を配した武家屋敷群は、島津久峯(ひさたか)が知覧城主だった江戸中期頃に形づくられた。参勤交替に随行した家臣の影響で、どこか京文化が薫る風景だ。屋敷入口には、屋敷内が見えないように屏風岩(沖縄由来の仕切り屏)があり、琉球の影響も感じる。知覧は特攻基地があった場所としても知られ、特攻平和会館には特攻隊員の記録や遺品が展示されている。

「薩摩の小京都」とも呼ばれる知覧で、江戸の風情漂う名勝庭園を鑑賞

ACCESS
アクセス

鹿児島空港
↓ 車ですぐ
溝辺鹿児島空港IC
↓ 車で30分
鹿児島IC

鹿児島ICから県道17・20・19号などを経由し、車で40分。JR鹿児島中央駅からは、鹿児島交通バス知覧行きで1時間15分、武家屋敷入口下車すぐ。

INFORMATION
問い合わせ先

知覧武家屋敷庭園事務所
☎0993-58-7878
南九州市商工観光課
☎0993-83-2511

DATA
観光データ

所 鹿児島県南九州市知覧町郡 開 9:00～17:00 休 無休 料 7庭園共通530円 P あり

BEST TIME TO VISIT
訪れたい季節

夏は緑が青々として美しいが、日を遮る屋根が少ないのがネック。冬は、数年に一度積もるほどの雪が降る。ひなまつりや鯉のぼり、ねぶた祭り、田んぼアート、正月飾りなど、季節にあわせたイベントも多く開催されるので、観光協会のHPをチェックしよう。

武家屋敷でお昼ごはん

高城庵
たきあん
MAP P.120- 1

知覧武家屋敷群のなかにあり、築95年を超える屋敷を開放した食事処。酒ずしやさつま揚げ、鳥刺しなど、地元食材を使った郷土料理を味わえる。

☎0993-83-3186 交 武家屋敷入口バス停から徒歩3分 所 鹿児島県南九州市知覧町郡6329 営 11:00～15:00 (LO14:30) 休 不定休 P あり

2つの膳に10品の料理が並ぶ高城庵セット2500円

ここは訪れたい周辺のスポット

国の名勝に指定された7つの庭園。趣向を凝らした日本庭園を巡りながら、「薩摩の小京都」を探訪する。

森重堅庭園
もりしげみつていえん
MAP P.120-②

7庭園唯一の池泉庭園。山の湧き水を利用した曲線が美しい池には、奇石や怪石で近景の山や半島を表し、対岸には穴石を用いて洞窟を表現している。

湧水を利用した池泉庭園

庭の裏手から湧き出す清らかな水を引き込んだ池

寛保元年(1741)に建てられた重厚な土蔵が残る

平山亮一庭園
ひらやまりょういちていえん
MAP P.120-③

石組みがひとつもない、イヌマキとサツキの大刈り込みのみで造られた庭園。借景とする母ヶ岳の稜線と一体となり、雄大な連山を彷彿させる。

大刈込みの借景庭園

母ヶ岳を借景とし、極端に簡素化された庭園

想像力が広がる枯山水

佐多美舟庭園
さたみふねていえん
MAP P.120-④

庭園群のなかで最も豪華で広い。背の高い枯滝を築き、白砂とサツキの刈込みで築山を表現。下部には石組みを据えた立体的な造りの庭園。

立体的な枯山水

迫力ある巨岩と植木の緑が美しく調和

平山克己庭園
ひらやまかつみていえん
MAP P.120-⑤

母ヶ岳を借景とした借景庭園。どこを切り取ってもひとつの庭園を形作り、調和と表現に優れている。白砂に浮かぶ岩島を取り囲むような刈り込みが躍動的に表現されている。

大海原に浮かぶ島と緑の大陸を思わせる

佐多民子庭園
さたたみこていえん
MAP P.120-⑥

麓川の上流から牛馬で運んだという巨石奇岩を大量に配し、カエデ、松、イヌマキなどの植栽で深山幽谷の神秘的な情景を表現。

巨石奇岩が力強い庭園

西郷恵一郎庭園
さいごうけいいちろうていえん
MAP P.120-⑦

鶴亀の庭園と呼ばれ、イヌマキの刈り込みに鶴の首に見立てた立石の石組みと、大海に注ぐ谷川の水辺に遊ぶ亀とされるリアルな亀石や枯滝石組が表現されている。

大海に浮かぶ鶴亀庭園

門をくぐると石壁があり、奥が見えない構造

高い技術を生かした石組みや地割構成が見事

佐多直忠庭園
さたなおただていえん
MAP P.120-⑧

母ヶ岳を借景にした枯山水の庭園。3.5mもの立石と枯滝の組み合わせが水墨画のようと称され、梅が咲き誇る初春は特に見応えがある。

3.5mの立石が印象的

巨石を使った枯れ滝が中央に配置されている

昔日の光、街と里山

121

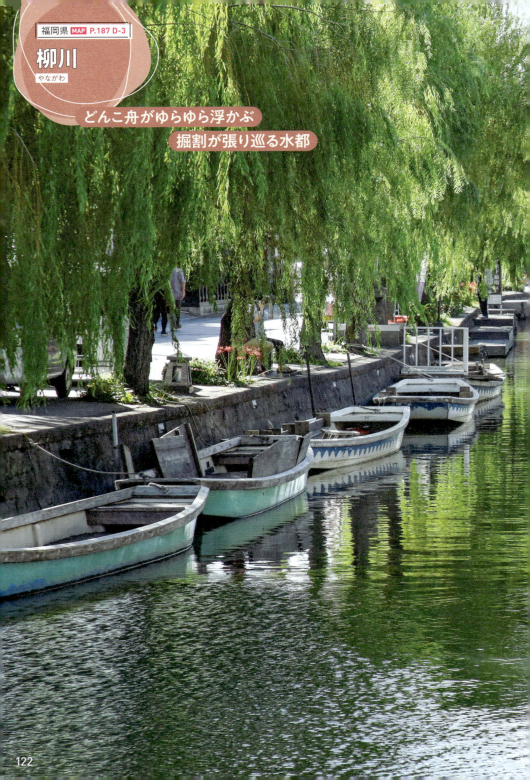

福岡県 MAP P.187 D-3
柳川
やながわ

どんこ舟がゆらゆら浮かぶ
掘割が張り巡る水都

昔日の光、街と里山

掘割を昔ながらのどんこ舟で進む川下りは、柳川観光のハイライト。しだれ柳や花々が岸辺を彩り、歴史建築が点在する街の風情を船上から満喫

城下町の面影が残る水都を、水竿一本で船頭が操るどんこ舟に揺られてのんびり水上散策。
柳川藩主や北原白秋ゆかりの地も見逃せない。

柳川城を中心に発展した城下町。城の防衛のために造られた無数の掘割は、明治以降に生活用水や水上交通路としても利用され、どんこ舟を使った川遊びも盛んになった。川下りが観光として注目されたのは昭和29年（1954）、柳川出身の詩人・北原白秋の少年時代を描いた『からたちの花』の映画化から。掘割を昔ながらのどんこ舟で進む川下りで巡れば、船上ならではの詩情豊かな水郷風景に出会える。北原白秋ゆかりの地も随所にあるほか、名物「うなぎのせいろ蒸し」やドジョウを使った「柳川鍋」を堪能したい。

素朴などんこ舟に乗って、街並みを水上から眺める

川下り
かわくだり
MAP P.124- 1

長さ4kmほどの掘割を巡る60〜70分の船旅。10以上の橋をくぐり、なまこ壁や赤レンガ倉庫、柳並木、季節の花々などの味わいある風景を楽しめる。船頭さんが1本の水竿を巧みに操りながら、舟歌や街の歴史などを聞かせてくれるのもうれしい。

🚗九州自動車道・みやま柳川ICから10km
🕘9:00〜日没（催行会社により異なる）
📅2月中旬〜下旬頃の落水期間（期間中は乗船場〜水門間を遊覧）💴1700〜2000円 🅿各乗船場に用意

乗り場は西鉄柳川駅近くにある。詳しい場所は予約時に確認を

柳川城防御のため築造された石積みの城堀水門は狭く、船頭さんの腕の見せどころ

ACCESS
アクセス

福岡空港
↓ 車で15分
太宰府IC
↓ 車で30分
みやま柳川IC

みやま柳川ICから県道775号、国道443・208号などを経由して、車で20分。西鉄柳川駅から川下り乗り場は徒歩圏内で、運行会社によって送迎バスがある場合も。九州新幹線の場合はJR筑後船小屋駅からタクシーで20分。

INFORMATION
問い合わせ先

柳川市観光案内所　☎0944-74-0891
柳川市観光課　☎0944-77-8563

DATA
観光データ

所福岡県柳川市 開休料見学自由 P市営駐車場あり

BEST TIME TO VISIT
訪れたい季節

柳川を訪れるなら川下りは体験しておきたいところ。春は「おひな様水上パレード」、夏は夜のお堀巡り「灯り舟」、秋はほおずき提灯で飾られた舟がお堀を下る「白秋祭水上パレード」、冬は「こたつ舟」など、四季折々の多彩なイベントを行っているので、時期を変えて2度、3度と訪れてもいい。

ここは訪れたい周辺のスポット

柳川藩主や北原白秋について学べるスポットなど、柳川の歴史や文化にもっと親しめる場所にも足を運びたい。

柳川藩主立花邸 御花
やながわはんしゅたちばなてい おはな
MAP P.124-②

元文3年(1738)に造営された柳川藩主・立花家の私邸。現在は、明治43年(1910)に完成した西洋館や大広間、庭園の「松濤園」などがそのままに残る。立花家史料館や料亭、宿泊施設なども併設され、国指定名勝地に泊まるという特別な体験ができる。
☎0944-73-2189 交九州自動車道・みやま柳川ICから11km 所福岡県柳川市新外町1 開10:00～16:00 休無休 料1000円 P宿泊者専用

旧藩主の末裔が受け継ぐ文化財

庭園を含む敷地全体が国の名勝「立花氏庭園」

史料館では立花家に伝わる美術工芸品を展示

三柱神社
みはしらじんじゃ
MAP P.124-③

初代柳川藩主・立花宗茂公、妻・誾千代姫とその父・戸次道雪公の3柱を祀る。春は約500本の桜が咲くなか流鏑馬が奉納され、秋の大祭「御賑会」では独創的な踊りをする「どろつくどん」が奉納される。
☎0944-72-3883 交九州自動車道・みやま柳川ICから10km 所福岡県柳川市三橋町高畑323-1 休境内自由 Pあり(有料)

戦国武将 立花宗茂公を祀る

必勝、就職、復活などにご利益がある

北原白秋生家・記念館
きたはらはくしゅうせいか・きねんかん
MAP P.124-④

明治18年(1885)に柳川の造り酒屋に生まれ、童謡『からたちの花』『待ちぼうけ』などの作詞でも知られる詩人・北原白秋の生家を復元。
☎0944-72-6773 交九州自動車道・みやま柳川ICから15km 所福岡県柳川市沖端町55-1 開9:00～17:00(最終入館16:30) 休無休 料600円 P市営駐車場隣接

柳川生まれの詩人の生涯

なまこ壁土蔵造りの国名勝「北原白秋生家」

元祖 本吉屋
がんそもとよしや
MAP P.124-⑤

創業天和元年(1681)の老舗で、威風堂々と建つ藁葺き屋根の店は築250年余という。せいろ蒸しは粒が大きめのご飯に、飴がた(砂糖を使わない水飴)などが入った特製タレで焼いたウナギをのせて蒸す。
☎0944-72-6155 交九州自動車道・みやま柳川ICから10km 所福岡県柳川市旭町69 開10:30～20:00(LO 19:30) 休月曜 Pあり

老舗ならではの風情たっぷり

せいろ蒸し4800円。余分な脂が抜けてあっさり

住宅街とは思えないほど静かな空間

柳川城址
やながわじょうし
MAP P.124-⑥

柳川藩主・立花家10万9600石の居城跡。高い石垣と5層の天守閣を誇ったが、明治5年(1872)に火災で焼失。今は標石と石垣の一部が残るのみ。
☎0944-77-8832(柳川市生涯学習課) 交九州自動車道・みやま柳川ICから11km 所福岡県柳川市本城町82-2 休見学自由 Pなし

難攻不落の名城・堅城

戦国時代、蒲池治久による築城を礎とする

昔日の光、街と里山

宮崎県 MAP P.189 F-3

飫肥
おび

苔むす飫肥杉の林
武家屋敷で出迎える重厚な櫓門

本町通りは藩政時代に飫肥杉で財を成した豪商の商家や商家資料館がある

> 大手門をくぐったら、江戸時代へタイムスリップ。
> 伊東家5万1000石の城下町を巡ろう。

九州平定の功績により、豊臣秀吉から飫肥城が与えられた伊東氏が治めた城下町。町の西から東に「ひ」の字に蛇行する酒谷川を外堀に見立て、城に近い通りから上級、中級家臣、商人町、下級武士の屋敷という町割りを築いた。昭和52年(1977)に重要伝統的建造物群保存地区に選定。今も石垣の上に瓦屋根をのせた源氏塀や生垣をめぐらせた武家屋敷が残り、格子に壁灯籠を飾った商家が軒を連ねる商人町通りなど江戸時代を彷彿させる街並みが楽しめる。明治期の外交官・小村寿太郎出生の地としても知られる。

ACCESS
アクセス

- 宮崎ブーゲンビリア空港
  ↓ 車で7分
- 宮崎IC
  ↓ 車で30分
- 日南東郷IC

日南東郷ICから県道434号、国道222号などを経由して、車で7分。JR飫肥駅から飫肥城跡までは徒歩15分。毎月第2・4日曜には飫肥城跡大手門前から人力車が登場し、城下町を案内してくれる。

INFORMATION
問い合わせ先

- 飫肥城下町保存会 ☎0987-67-6029
- 日南市観光協会 ☎0987-31-1134
- 小村寿太郎記念館 ☎0987-25-1905

DATA
観光データ

所 宮崎県日南市飫肥 開 小村寿太郎記念館9:30〜17:00(最終受付16:30) 休 無休 料 施設により異なる P 飫肥観光駐車場(有料)

BEST TIME TO VISIT
訪れたい季節

街歩きに適した春や秋の気候の良い時期に訪れるのがおすすめ。施設入館券や商品引換券がついた「あゆみちゃんマップ(1000円〜)」を活用して街歩きを楽しんで。

昔日の光、街と里山

天保2年(1831)に開設された飫肥藩の藩校・振徳堂。小村寿太郎もここで学んだ

春は桜の名所となる飫肥城跡。奥には昭和53年に復元された大手門が見える。飫肥杉を4本使用し、木造渡櫓と本瓦葺きの重厚な造り

周辺のスポット

飫肥城跡
おびじょうあと
MAP P.126- 1

百年杉を使って復元された大手門や松尾の丸、歴史資料館などがあり、旧本丸跡へ続く石垣を抜けていくと林立する飫肥杉と一面の苔のコントラストが美しい森が開ける。

町を象徴する大手門と杉木立

飫肥杉が続く旧本丸への登城路

🚗 東九州自動車道・日南東郷ICから5km 所 宮崎県日南市飫肥10 時 見学自由 P あり

豫章館
よしょうかん
MAP P.126- 2

明治2年(1869)末に飫肥藩知事の伊東祐帰と父祐相が城内より移り住んだ屋敷。

🚗 東九州自動車道・日南東郷ICから5km 所 宮崎県日南市飫肥9-1-1 開 9:30〜17:00(最終受付16:30) 休 無休 料 300円 P あり

藩主伊東家の屋敷と庭園

薬医門を構え、広い庭園など格式高いたたずまい

佐賀県 MAP P.186 C-3

有田内山
ありたうちやま

トンバイ塀と窯元を巡る
磁器生産発祥の地

> トンバイ塀や、江戸後期から昭和初期までの歴史的建造物が並ぶ街並みを散策。
> 磁器の里として栄えた歴史と文化にふれ、有田焼の魅力を知ろう。

日本の磁器の歴史は17世紀初め、豊臣秀吉の朝鮮出兵の際に連れ帰った陶工の李参平らによって始まった。さらに有田の泉山で陶石が発見されたことで、佐賀藩のもと磁器生産が本格化し、「有田千軒」と呼ばれるほどの隆盛を誇ったという。漆喰塗りの商家、洋館、窯元など、さまざまな時代の建物が混在する街並みは、文政11年(1828)の火災後に形成され、磁器の町ならではの風情を醸している。町には、有田焼の歴史や文化を学べる美術館やトンバイ塀などの見どころがあり、陶器市も開催される。

耐火レンガや使い捨ての窯道具などを赤土で塗り固めて作ったトンバイ塀のある裏通り

有田焼400年の歴史

江戸時代初期に朝鮮半島から渡ってきた陶工によって磁器が焼かれたことが始まり。有田焼最大の特徴は、美しく白い磁器と繊細な絵付け。絢爛豪華な磁器は、その美しさからヨーロッパで人気を博した。有田陶磁美術館では明治時代を中心とした作品を見学できる。

有田陶磁美術館
ありたとうじびじゅつかん
MAP P.129

📞0955-42-3372 🚗西九州自動車道・波佐見有田ICから5km 所佐賀県有田町大樽1-4-2 開9:00～16:30(最終入館) 休月曜(4月29日～5月5日の有田陶器市期間中は開館) 料120円 Pあり

応神天皇と陶工・李参平を祀る陶山神社。鳥居や狛犬、灯籠、欄干からお守りに御朱印帳までもが焼物づくし

ACCESS
アクセス

福岡空港
↓ 車で15分
太宰府IC
↓ 車で1時間
波佐見有田IC

波佐見有田ICから県道4号、国道35号などを経由して、車で7分。JR上有田駅から陶山神社までは徒歩15分。町内では上有田駅(原田酒店)や有田館など4カ所で自転車の貸し出しをしており、普通自転車1回500円、電動アシスト付き自転車1回1000円。

INFORMATION
問い合わせ先

有田観光協会 📞0955-43-2121

DATA
観光データ

所佐賀県有田町 開休料見学自由 P有田陶磁美術館駐車場、まちなか駐車場利用

BEST TIME TO VISIT
訪れたい季節

有田焼が目的なら、春と秋がおすすめ。毎年GWに開催される「有田陶器市」は、全国から焼物好きが集まる大イベント。秋は県内各地で陶磁器祭りや窯開きが開催されるので、有田焼以外にも窯元を巡りたい方は秋に訪れるのがおすすめ。

昔日の光、街と里山

福岡県 MAP P.187 D-3

八女
やめ

玉露の一大産地に広がる茶畑
緑の絨毯に癒やされて

約70haの敷地に、緑の絨毯を敷き詰めたような絶景が広がる「八女中央大茶園」。茶園を見渡せる展望所もある

高品質なお茶や歴史的な街並みなど、見どころ満載の八女。
ゆるやかな丘陵地に茶畑が広がる風景は、訪れる人の心を癒やしてくれる。

古くから生産が盛んなお茶の名産地。昼夜の温度差や朝夕に霧が発生しやすいなど、お茶の栽培に適したさまざまな環境が揃っており、八女茶は高品質なブランドとして広く知られている。約600年の歴史をもち、独特の甘みと深いコク、強い旨みが特徴。また、八女市には白漆喰の居蔵造りの建物が続く街並みが2エリアある。八女福島は、福島城の城下町から商家町や職人町として発展した地。久留米から豊後への街道筋として賑わった八女黒木は、今も地元産の青石を家の壁張りとした居蔵造りの町家が見られる。

ACCESS
アクセス

福岡空港
↓ 車で15分
太宰府IC
↓ 車で25分
八女IC

八女ICから八女中央大茶園までは、国道442号などを経由し、車で20分。八女福島までは、JR久留米駅から西鉄福岡バス八女営業所行きで40分、西唐人町下車。

INFORMATION
問い合わせ先

八女市茶のくに観光案内所
☎0943-22-6644
八女市観光振興課 ☎0943-23-1192

DATA
観光データ

所 福岡県八女市 開休料 見学自由(八女市茶のくに観光案内所8:30～17:15) Pあり

BEST TIME TO VISIT
訪れたい季節

茶摘みが行われるのは4月中旬～5月中旬頃。その時期は茶畑で収穫の様子が見られる。茶摘みや手揉み茶作りといった体験も楽しめるほか、新茶の季節には新茶の試飲会や販売が行われ、多くの人で賑わう。

宮崎県 MAP P.189 E-2

椎葉村
しいばそん

山間に息づく隠れ里
それはまるでマチュピチュ

山の斜面に幾重にも重なる仙人の棚田。朝日とともに現れる雲海が棚田を包み込み、幻想的な光景をつくり出す

昔日の光、街と里山

雲海に包まれ、空中に浮かぶ都市のように見える「仙人の棚田」は必見！
歴史・自然・文化が楽しめる秘境で、古き良き日本を堪能しよう。

九州山地のほぼ中央、深い山々に囲まれた村。村の96%を山林が占めるという秘境で、落ち延びた平家の鶴富姫と追っ手の源氏の武将・那須大八郎との悲恋物語が残り、村には平家ゆかりの史跡や文化が残されている。集落には椎葉型といわれる一列平面の瓦屋根住居が急斜面に築かれ、重なり合う石段や石垣と山々の自然が昔ながらの人の暮らしを垣間見せる。日本のマチュピチュと呼ばれる「仙人の棚田」のほか、日本初の大規模アーチ式ダム「上椎葉ダム」、村の暮らしを伝える「椎葉民俗芸能博物館」は必見だ。

ACCESS アクセス
- 宮崎ブーゲンビリア空港
- ↓ 車で7分
- 宮崎IC
- ↓ 車で1時間
- 日向IC

日向ICから国道327号などを経由し、車で1時間。仙人の棚田を望む大いちょう展望台までは細い山道を登る。仙人の棚田から車で25分ほどの十根川集落は、国選定重要伝統的建造物群保存地区のひとつ。

INFORMATION 問い合わせ先
椎葉村観光協会 ☎0982-67-3139

DATA 観光データ
[所]宮崎県椎葉村 [開][休][料]見学自由（椎葉村観光協会 8:30〜17:15）[P]椎葉村観光駐車場など

BEST TIME TO VISIT 訪れたい季節
やはり見たいのは雲海に浮かぶ仙人の棚田。見られるかどうかは運次第だが、確率を上げるなら、寒い時期に訪れたい。秋から春にかけての冷え込みが厳しい朝は、雲海が発生しやすいといわれる。空に浮かぶような景色を見るなら、対岸にある大いちょう展望台へ。全体を見渡せる絶好のビュースポットだ。

COLUMN

個性的な造形美が魅力
フォトジェニックな橋

日本最古の昇開式可動橋や昔ながらの石橋など、日本の技術が今も残され歴史を伝える。夕景に映える橋や影が生み出す奇跡、陽光とのコラボなど心に刻みたい情景ばかりだ。

中央部を跳ね上げた迫力ある勇姿と水面、夕景とが描く印象的な光景

日本の土木の歴史を伝える機械遺産
筑後川昇開橋
ちくごがわしょうかいきょう

昭和10年(1935)に開通した、現存する日本最古の昇開式可動橋。鉄道廃止後は遊歩道となり、美しい景観や歴史的価値から観光名所になっている。国指定重要文化財であり、機械遺産に認定。

福岡県 MAP P.187 D-3

☎0944-87-9919（筑後川昇開橋観光財団） 九州自動車道・八女ICから18km 福岡県大川市向島地先など 昇降は9:00～16:30の間に随時可動 月曜（祝日の場合は翌日） 見学自由 Pあり

川面に輝く奇跡のハート模様
二俣橋
ふたまたばし

釈迦院川と津留川の合流点に架かる石橋。10～2月の11～12時頃、陽光が川面に輝くハートを映し出す。「ハートができる石橋」として「恋人の聖地」にも選定。

熊本県 MAP P.189 E-1

☎0964-47-1111（美里町美しい里創生課） 九州自動車道・松橋ICから12km 熊本県美里町佐俣・小筵 見学自由 Pあり

1年のうちわずかな瞬間のみ、絶妙な角度で陽光が描き出すハート

橋周辺には当時の馬車道とみられる旧道も残り、歴史とともに景色を堪能

明治の日本の技術が残る産業遺産
金山橋
きんざんばし

美しいアーチ形の石橋で、明治13年(1880)頃、金山の近代化事業による街道整備に伴い架けられた。上流には板井出の滝があり、石橋とのコラボが魅力だ。

鹿児島県 MAP P.189 E-3

☎0995-67-6052（姶良市観光協会） 九州自動車道・加治木ICから3km 鹿児島県姶良市加治木町小山田34-1 見学自由 Pあり

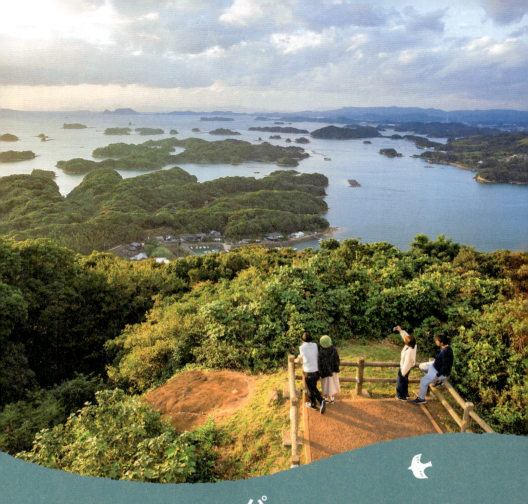

パノラマビュー展望

息をのむほどの壮大な景色が限りなく広がる展望台。噴火を繰り返す活火山や数え切れないほど浮かぶ島々、建物や車が宝石のように輝く夜景を眺める。

鹿児島県 MAP P.189 D-3
城山展望台
しろやまてんぼうだい

西郷隆盛終焉の地
噴煙を上げる桜島

パノラマビュー展望

鹿児島屈指のビューポイント。市街地の向こうに、錦江湾に浮かぶ桜島が見晴らせる

135

> 公園として整備され、600種類以上の植物が生い茂る標高107mの城山。
> 頂上の展望台からは、錦江湾や桜島、鹿児島市街を一望できる。

鹿児島市街の中心にある、標高107mの城山。この地は西南戦争の激戦地として知られ、西郷隆盛はこの付近で自刃した。周辺には西郷が身を隠した洞窟や銅像、私学校跡など、西郷ゆかりの史跡が残り、往時の歴史を伝えている。展望台からは噴煙を上げる桜島の雄大な姿や錦江湾、そして鹿児島市街地の風景を同時に楽しめる。鹿児島のシンボルとして愛される桜島は、北岳と南岳からなる複合火山。鹿児島市街地からフェリーで15分ほどで行くことができ、島内には火山のパワーを感じるスポットが点在している。

約2万6000年前の火山活動により誕生した桜島。幾度となく噴火を繰り返す姿は雄々しい

天文館周辺は、飲食店や百貨店などが集まる鹿児島の中心地

絶景の遊歩道をゴツゴツとした溶岩が海辺を覆い、その先には美しい錦江湾が見える

ACCESS
アクセス

鹿児島空港
↓ 車ですぐ
溝辺鹿児島空港IC
↓ 車で25分
鹿児島北IC

鹿児島北ICから国道3号、城山トンネルなどを経由し、車で15分。JR鹿児島中央駅からはカゴシマシティビューで25分、城山下車すぐ。

INFORMATION
問い合わせ先

鹿児島市観光交流センター
☎099-298-5111
桜島ビジターセンター
☎099-293-2443

DATA
観光データ

所 鹿児島県鹿児島市城山町　開休料 入園自由　P あり

BEST TIME TO VISIT
訪れたい季節

一年を通して楽しめるが、春と秋がおすすめ。春には桜が咲き、城山公園を華やかに彩り、秋にも紅葉がまた違った魅力を見せてくれる。特に、秋は空気が澄んでいて、遠くまで見渡せるため、より鮮やかな景色を楽しめる。また、鹿児島市内の夜景が美しく輝く夜には、ロマンティックな雰囲気を味わうことができる。

TRAVEL PLAN

まずは鹿児島を代表するスポット・仙巌園へ。その後桜島へ移動し、散策。城山展望台から街並みを眺めたら、市内観光やグルメを満喫。

仙巌園
せんがんえん
MAP P.136-[1]

島津家歴代の当主が愛した別邸

万治元年(1658)、19代・島津光久が築いた別邸。島津斉彬が推進した集成館事業の跡地でもあり、日本近代化にまつわる史跡が見られる。

☎ 099-247-1551 交 九州自動車道・鹿児島北ICから8km 所 鹿児島県鹿児島市吉野町9700-1 営 9:00〜17:00 休 3月第1日曜 料 1600円(尚古集成館・御殿と共通) P あり(1日500円)

桜島を築山に、錦江湾を池に見立てた雄大な景色

COURSE

9:00	鹿児島北IC
↓	車で20分
9:20	仙巌園
↓	車とフェリーで40分
11:00	溶岩なぎさ遊歩道
↓	車で15分
12:00	湯之平展望所
↓	車とフェリーで55分
14:00	城山展望台
↓	車で10分
14:40	西郷隆盛銅像
↓	車で3分
15:00	鹿児島県歴史・美術センター黎明館
↓	車で20分
17:00	鹿児島北IC

大正溶岩原の上を散歩

公園内にある全長約100mの足湯も人気

溶岩なぎさ遊歩道
ようがんなぎさゆうほどう
MAP P.136-[2]

桜島溶岩なぎさ公園と烏島展望所を結ぶ、錦江湾沿い3kmの遊歩道。大正の大噴火で流出した溶岩原の上を散策できる。まるで月面を歩いているような感覚に。

所 鹿児島県鹿児島市桜島横山町 交 桜島港から1km 営休 入場自由 P あり

湯之平展望所
ゆのひらてんぼうしょ
MAP P.136-[3]

桜島の中腹標高373m地点にある展望所。北岳4合目に位置し、一般の訪問者が入れる最高地点だ。荒々しい山肌が目の前に迫り、その迫力に圧倒される。

所 鹿児島県鹿児島市桜島小池町1025 交 桜島港から6km 営休 見学自由 P あり

山頂を間近に仰ぎ見る

山頂付近を近くで見られ、手前には溶岩原が広がる

LUNCH

かごしま黒豚肉の甘みとやわらかさに感動

黒豚料理 あぢもり
くろぶたりょうり あぢもり
MAP P.136-[4]

黒しゃぶAコース1人前 5500円(サービス料込み)

☎ 099-224-7634 交 JR鹿児島中央駅から2.5km 所 鹿児島県鹿児島市千日町13-21 営 しゃぶしゃぶ11:30〜14:30(入店は〜13:00) 17:30〜21:30(入店は〜20:00)、1階とんかつコーナー11:30〜15:00 (LO14:15) 休 水曜、不定休 P なし

城山展望台
しろやまてんぼうだい

西郷隆盛銅像
さいごうたかもりどうぞう
MAP P.136-[5]

城山を背に仁王立ちする西郷隆盛の銅像。渋谷の「忠犬ハチ公」像の作者でもある鹿児島出身の彫刻家・安藤照が8年かけて制作した。

所 鹿児島県鹿児島市城山町 交 九州自動車道・鹿児島北ICから5.5km 営休 見学自由 P なし

堂々たる軍服姿が印象的

銅像の周辺には、手入れの行き届いた庭が広がる

鹿児島県歴史・美術センター黎明館
かごしまけんれきし・びじゅつセンターれいめいかん
MAP P.136-[6]

薩摩藩主・島津氏の居城だった鹿児島城跡に建つ人文系の総合博物館。鹿児島の歴史、考古、民俗、美術・工芸を紹介。

☎ 099-222-5100 交 九州自動車道・鹿児島北ICから6km 所 鹿児島県鹿児島市城山町7-2 営 9:00〜18:00(入館は〜17:30) 休 月曜(祝日の場合は翌平日)、毎月25日(土・日曜は除く) 料 430円 P あり

幕末や明治維新の資料が充実

出水麓武家屋敷群のジオラマ。麓に暮らす人々の生活の様子が見られる

パノラマビュー展望

パノラマビュー展望

標高165mの高さに位置し、複雑に入り組んだリアス海岸と大小208の島々からなる九十九島を一望できる

> 美しい海とそこに浮かぶ大小さまざまな形の島々が広がる絶景。
> 潮風を感じながら、ゆったりとした時間を過ごしたい。

佐世保市街から車で約20分の場所にある展望スポットで、市内の展望台の中でも随一の人気を誇る。標高約165mの丘の上からは、180度のパノラマで広がる九十九島の島々のほか、佐世保港までを望む。大小さまざまな島々が点在する様子は、まるで絵画のよう。展望台の下にある花園では、春には菜の花、秋にはコスモスが咲き誇り、花の絨毯が楽しめるほか、園内には芝生広場や遊歩道もあり、ゆったりと過ごすことができるのも魅力。日中も美しい景色が広がるが、夕日が海に落ちる夕景もまた絶景。

九十九島の絶景を満喫できる、佐世保を代表する観光スポットのひとつ

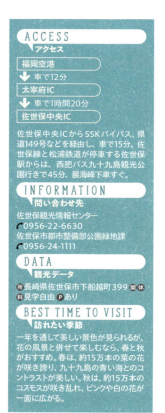

眼下に広がる九十九島のパノラマ絶景。島の間を行き交う船の姿も

長串山公園では、4月下旬から5月上旬頃に、ツツジと島々のコラボレーションも見られる

ACCESS
アクセス

福岡空港
↓ 車で12分
太宰府IC
↓ 車で1時間20分
佐世保中央IC

佐世保中央ICからSSKバイパス、県道149号などを経由し、車で15分。佐世保線と松浦鉄道が停車する佐世保駅からは、西肥バス九十九島観光公園行きで45分、展海峰下車すぐ。

INFORMATION
問い合わせ先

佐世保観光情報センター
℡ 0956-22-6630
佐世保市都市整備部公園緑地課
℡ 0956-24-1111

DATA
観光データ

所 長崎県佐世保市下船越町399 開休 見学自由 P あり

BEST TIME TO VISIT
訪れたい季節

一年を通して美しい景色が見られるが、花の風景と併せて楽しむなら、春と秋がおすすめ。春は、約15万本の菜の花が咲き誇り、九十九島の青い海とのコントラストが美しい。秋は、約15万本のコスモスが咲き乱れ、ピンクや白の花が一面に広がる。

併せて訪れたい周辺のスポット

自然を体感できる、北松浦半島西岸に広がる九十九島。
花や夜景などの絶景が楽しめる展望スポットを巡る。

長串山公園
なぐしやまこうえん
MAP P.140-1

標高234mの長串山に広がる公園で、九十九島北部の島々や平戸島が一望できる。長さ100mのローラーすべり台や食事ができるビジターセンターなどがあり、家族連れに人気。

☎0956-77-4111 ✉西九州自動車道・佐世保中央ICから26km 🏠長崎県佐世保市鹿町町長串174-12 🕘9:00〜17:00 🈚無休(ビジターセンターは木曜) 💴つつじまつり期間中のみ有料 🅿あり

鮮やかな花と青い海の競演

4月頃には約10万本のツツジが咲き乱れる

九十九島観光公園
くじゅうくしまかんこうこうえん
MAP P.140-2

俵ヶ浦半島の高台に新しく整備された公園。約4.7haの広さを持つ芝生広場「眺望の丘」が広がり、ぐるりと九十九島の大パノラマを望める開放的な空間になっている。

✉西九州自動車道・佐世保中央ICから1.5km 🏠長崎県佐世保市野崎町1746 🕘8:00〜20:00(10〜2月は〜19:00) 🈚無休 💴無料 🅿あり

丘の上のモニュメントは人気の撮影スポット

日本最西端の地から望むブルーの海

眼下に青い海が広がり、平戸島の島影も見える

神崎鼻公園
こうざきばなこうえん
MAP P.140-3

本土最西端に位置する岬にあり、モニュメントが設置された展望台から平戸島などを一望できる。岸壁沿いに整備された海中遊歩道や、本土最北端、最南端、最東端を示した四極交流広場などがある。

✉西九州自動車道・佐世保中央ICから21km 🏠長崎県佐世保市小佐々町楠泊354-1 🕘🈚入園自由 🅿あり

絶景を望む広大な丘

眺望の丘は九十九島の眺望のほか散歩も楽しめる

弓張岳展望台
ゆみはりだけてんぼうだい
MAP P.140-4

佐世保市街から佐世保港、九十九島の島々、さらには五島灘まで望める。「日本夜景100選」のひとつに選ばれた夜景スポットとして知られ、街の明かりや造船所のオレンジ色の光がロマンティックな光景をつくる。

✉西九州自動車道・佐世保中央ICから5km 🏠長崎県佐世保市小野町 🕘🈚見学自由 🅿あり

佐世保を代表するきらびやかな夜景

展望台は標高364mの弓張岳山頂にある

パノラマビュー展望

141

熊本県 **MAP** P.189 E-1

草千里ヶ浜
くさせんりがはま

火口跡に広がる大草原
阿蘇の牧歌的風景

パノラマビュー展望

夏は池の青と草原の緑が美しいコントラストをなし、白銀の冬は池も凍る草千里ヶ浜。さまざまなアクティビティを楽しむこともできる

> 自然が生み出したダイナミックな絶景がどこまでも広がり、心まで解放されるよう。
> 異国のようなのどかな草原で、のんびりと過ごす。

烏帽子岳北麓に広がる78万5000㎡の大草原に、中岳から立ち昇る噴煙、火口跡の池が織りなす草千里ヶ浜。約3万年前の大規模な噴火によってできた火口跡で、雨水が溜まり池となり、現在の美しい草原へと姿を変えた。展望台からは牧歌的な景色を眺めることができ、雄大な山々が広がる阿蘇を代表する観光地のひとつとなっている。散策を楽しむのもいいが、おすすめは乗馬。引き馬による乗馬体験ができるスポットがあり、馬の背の高い目線から眺められる。駐車場には、阿蘇火山博物館やレストランが隣接。

鮮やかな緑の春夏、黄褐色の秋、幻想的な白銀の冬と四季折々の彩りが楽しめる

ACCESS
アクセス

- 福岡空港
- ↓ 車で12分
- 太宰府IC
- ↓ 車で1時間
- 熊本IC

熊本ICから国道57号、県道299・298号経由で、車で1時間。阿蘇くまもと空港からは県道206・207号経由で50分。JR阿蘇駅からは、産交バス阿蘇火口線で30分、草千里阿蘇火山博物館前下車、徒歩1分。

INFORMATION
問い合わせ先

阿蘇インフォメーションセンター
☎0967-34-1600

DATA
観光データ

所 熊本県阿蘇市草千里ヶ浜 休料 見学自由 P あり

BEST TIME TO VISIT
訪れたい季節

春は、枯れ草の中に芽を出した若葉が草原を鮮やかに彩る。4月下旬から5月上旬にかけては、ツツジの一種であるミヤマキリシマが咲き乱れ、ピンクの絨毯が一面に広がる。夏は草千里ヶ浜の緑が最も鮮やかに輝く季節、秋は草原が黄色や赤に染まりはじめる。一面銀世界となる幻想的な冬も美しい。

南阿蘇村の全体像一望

阿蘇パノラマライン
あそパノラマライン
MAP P.144- 1

草原を疾走し噴煙を上げる中岳まで間近に迫り、眼下の南郷谷や雄大な南外輪山などが一望できる絶景ロード。新たに展望台や展望歩道、ベンチ、観光案内板も設置された。

大観峰で阿蘇の息をのむ絶景を眺め、阿蘇山の神々に手を合わせる。
火山の荒々しい一面と、共存する穏やかな自然の光景を体感する阿蘇の旅。

TRAVEL PLAN

COURSE

- 9:00 熊本IC
  - ↓ 車で1時間
- 10:00 大観峰
  - ↓ 車で20分
- 12:30 阿蘇神社
  - ↓ 車で20分
- 13:30 米塚
  - ↓ 車で7分
- 14:00 草千里ヶ浜
  - ↓ 車で10分
- 15:30 中岳第一火口
  - ↓ 車で1時間
- 17:00 熊本IC

大観峰 だいかんぼう
MAP P.144-2

360度の大パノラマを体感

阿蘇五岳や阿蘇の街並み、くじゅう連峰まで一望できる阿蘇随一のビュースポット。ここから望む阿蘇五岳は釈迦の寝姿に見えることから「涅槃像」と呼ばれる。神秘的な雲海に出会えることも。

🚗九州自動車道・熊本ICから44km 🏠熊本県阿蘇市山田 営見学自由（茶店は8:30～17:00）Ｐあり

北外輪山の一峰でかつて遠見ヶ鼻と呼ばれていた

お椀を逆さにしたような形状

阿蘇神社 あそじんじゃ
MAP P.144-3

阿蘇山がご神体の神社。2000年以上の歴史を持ち、楼門は日本三大楼門のひとつに数えられる。

📞0967-22-0064 🚗九州自動車道・熊本ICから45km 🏠熊本県阿蘇市一の宮町宮地3083-1 営6:00～18:00（御礼所は9:00～17:00）休無休 料無料 Ｐあり

阿蘇神社の祭神が米を積んでできた山とされる

米塚 こめづか
MAP P.144-4

高さ約80mながら本物の火山で、円錐状の美しい形をしている。頂上のくぼみが約3300年前の噴火の名残とされる。斜面は草原に覆われ新緑から冬枯れまで季節ごとに美しい景色が楽しめる。

🚗九州自動車道・熊本ICから23km 🏠熊本県阿蘇市永草 営見学自由 Ｐ米塚下園駐車場利用

阿蘇山の神を祀る九州屈指の古社

熊本地震で被害を受けたが、復旧が完了

草千里ヶ浜 くさせんりがはま

駐車場にはカフェやレストラン、ショップが隣接

中岳第一火口 なかだけだいいちかこう
MAP P.144-5

現在も活発な活動を続ける中岳。直径600m、深さ130m、周囲4kmの巨大な噴火口で、溶岩の岩肌がむき出しになり、噴煙を上げるさまが間近で見られる。

🚗九州自動車道・熊本ICから40km 🏠熊本県阿蘇市阿蘇山上 営8:30～18:00（季節により変動あり）休火山規制時 料阿蘇山公園道路通行料1000円 Ｐあり

激しい噴煙と地鳴り鳴動体験

火口まで車で行けるが火山活動により規制も

LUNCH

あか牛を使った丼や定食が人気

いまきん食堂 いまきんしょくどう
MAP P.144-6

創業約100年の食堂。一番人気のあか牛丼2000円

📞0967-32-0031 🚉JR阿蘇駅から6.6km 🏠熊本県阿蘇市内牧290 営11:00～15:00 休水曜 Ｐあり

パノラマビュー展望

福岡県 MAP P.187 D-2

皿倉山展望台
さらくらやまてんぼうだい

北九州の街を一望
さんざめく夜景に立ち尽くす

パノラマビュー展望

市街地、緑、工業地帯とバラエティに富む夜景は「新日本三大夜景」の筆頭に認定された美しさを誇る

> ケーブルカーやスロープカーで気軽にアクセスできる展望台。
> 標高622mから見下ろす市街地や工場地帯は絶景。特に100億ドルと称される夜景は圧巻！

北九州市のシンボル、標高622mの皿倉山。頂上からは北九州市街や工業地帯、関門海峡、本州までも望むパノラマが広がる。特に夜景はその美しさから「100億ドルの夜景」と呼ばれ、「新日本三大夜景」の筆頭に数えられている。キラキラと輝く無数の光が織りなす光景は、訪れる人を魅了。なかでも工場地帯の夜景は独特の美しさを放ち、写真家や夜景ファンの人気を集めている。頂上まではケーブルカーとスロープカーを乗り継いでアクセスでき、展望レストランで眺望を楽しみながらの食事もおすすめ。

山上駅から展望台駅までを結ぶ、勾配の急なスロープカー。広がっていく視界に胸躍る

ACCESS
アクセス

- 福岡空港
- ↓ 車で5分
- 榎田出入口
- ↓ 車で50分
- 大谷出入口

大谷出入口から神山町花尾町1号、皿倉山登山道を経由して、車で25分。北九州空港からは車で1時間。JR小倉駅からは金〜日曜日と祝日に皿倉山直行バスを運行、所要20分。

INFORMATION
問い合わせ先

皿倉登山鉄道(皿倉山ケーブルカー)
☎ 093-671-4761
北九州市コールセンター
☎ 093-582-4894

DATA
観光データ

[所]福岡県北九州市八幡東区尾倉1481-1 [開]ケーブルカー10:00〜22:00(上り最終21:20) [休]火曜(祝日の場合は営業) [料]ケーブルカー・スロープカー往復通し券1230円 [P]あり

BEST TIME TO VISIT
訪れたい季節

春は桜と新緑のコントラストが楽しめ、夏や秋の夜空は澄み渡り、夜景がよりいっそう輝きを増す。冬は皿倉山の斜面でイルミネーションが行われる。

TRAVEL PLAN

北九州市内陸部に広がる山地にある、名所を巡るドライブ。
楽しい探検のあとは、涼やかな滝や美しい藤園、ロマンティックな夜景に感動。

COURSE

- 9:00 小倉南IC
- ↓ 車で20分
- 9:20 平尾台
- ↓ 車で3分
- 10:00 千仏鍾乳洞
- ↓ 車で30分
- 11:30 菅生の滝
- ↓ 車で40分
- 13:00 河内藤園
- ↓ 車で30分
- 15:00 小倉城
- ↓ 車で40分
- 17:30 皿倉山展望台
- ↓ 車で25分
- 19:00 大谷出入口

平尾台　ひらおだい
MAP P.148-1

草原に白い岩が点在

日本三大カルストのひとつ。草原に白い石灰岩が無数に点在する様子を羊の群れに例え、羊群原と呼ばれている。
☎093-453-3737(平尾台自然観察センター)
交九州自動車道・小倉南ICから11km 所福岡県北九州市小倉南区平尾台 時休料見学自由 Pあり

見晴台からの風景。広大な草原を爽快に散歩

千仏鍾乳洞　せんぶつしょうにゅうどう
MAP P.148-2

水に足を浸して洞窟探検

平尾台に200以上も点在する鍾乳洞のひとつ。気温約16℃の洞内は足元に水が流れ、途中からは水の中を進む。
☎093-451-0368 交九州自動車道・小倉南ICから11km 所福岡県北九州市小倉南区平尾台3-2-1 時9:00～17:00(土・日曜、祝日は～18:00) 休無休 料1000円 Pあり

見学コースは全長900m、往復40～50分ほど

菅生の滝　すがおのたき
MAP P.148-3

山深くにある涼やかな滝

国有林内にある3段の滝。滝のしぶきが激しく、化粧も落ちてしまうほどから「素顔」に由来。
交九州自動車道・小倉南ICから9km 所福岡県北九州市小倉南区道原 時休見学自由 Pあり

上段の滝は落差30mと北九州市内では最大

河内藤園　かわちふじえん
MAP P.148-4

華麗な藤のトンネル

約3000坪の広大な藤園。例年4月下旬～5月上旬に見頃を迎える。
☎093-652-0334 交北九州高速・大谷出入口から9km 所福岡県北九州市八幡東区河内2-2-48 時9:00～17:00(季節により異なる) 休無休 料藤1500円、紅葉500円 Pあり

白や紫のグラデーションが美しい藤のトンネル

小倉城　こくらじょう
MAP P.148-5

細川忠興が築いた風格ある城郭

関ヶ原の戦いの後、細川忠興によって築城された。桜の名所としても知られ、天守閣からの眺めは絶景。
☎093-561-1210 交北九州高速・大手町出入口から1.5km 所福岡県北九州市小倉北区城内2-1 時9:00～20:00(11～3月は～19:00) 休無休 料350円 Pあり

天守閣の広さは全国有数。美しい庭園も魅力

皿倉山展望台　さらくらやまてんぼうだい

パノラマビュー展望

きらめく夜景を楽しんだら、小倉に戻りディナーを楽しもう

宮崎県 MAP P.189 F-4

都井岬
といみさき

**断崖には白亜の灯台
海風のなか野生馬と出会う**

馬は御崎馬(みさきうま)と呼ばれ、体高約130cmと小柄。春から夏は草地で、秋から冬は森林地帯で過ごすことが多い

夕暮れどきの景色は格別。水平線に沈む夕日が、あたりを金色に染め上げ、幻想的な雰囲気に

> 野生馬が暮らす、日南海岸最南端に突き出した美しい岬。
> 大迫力の海岸線と海が魅せる壮大な景色が目の前に！

日向灘の南端、太平洋に面する岬。切り立った断崖絶壁や青く広い海が美しいが、最大の魅力は何と言っても野生馬の存在。江戸時代から放牧されていた馬が長い年月をかけて野生化し、今では国の天然記念物に指定されている。草原を自由に駆けまわる馬の姿は、まるで映画のワンシーンのよう。年間を通して間近で馬を観察することができるが、春にはかわいい子馬が見られることも。周辺には古くから航海の安全を見守ってきた灯台や野生馬の安全を祈願する御崎神社があり、歴史と文化にもふれられる。

パノラマビュー展望

ACCESS アクセス

宮崎ブーゲンビリア空港
↓ 車で7分
宮崎IC
↓ 車で35分
日南東郷IC

日南東郷ICから県道436号、国道448号、県道36号を経由して、車で1時間。日南線が停車するJR串間駅からは、よかバス都井岬行きで30分、終点下車、徒歩3分。

INFORMATION 問い合わせ先

串間市観光物産協会
0987-72-0479

DATA 観光データ

所 宮崎県串間市大納御崎 開休料 見学自由 P あり（野生馬保護協力金として普通車400円、二輪車100円）

BEST TIME TO VISIT 訪れたい季節

一年を通して楽しめる都井岬。春は子馬が誕生する季節。かわいらしい子馬の姿に癒やされたいなら春がおすすめ。夏は、青い海と緑豊かな草原のコントラストが美しい。野生馬も活発に活動し、ダイナミックな姿を観察できる。毎年8月下旬には、大蛇伝説にちなんだ都井岬火まつりが行われる。

昭和初期に建設された都井岬灯台。高さ15mの灯塔からは、日向灘をはじめ3方面を一望

COLUMN

大自然のなかを爽快に駆け抜ける
絶景を走るドライブロード

南国のリゾート気分満載の道や連山と草原のパノラマ、見渡す限り水平線が続く道など、絶景のなかを走るドライブは別世界へと誘われる体験だ。非日常のひとときへ！

約700万年前の海中の地層が隆起した鬼の洗濯板も望める

沿道には「日本の渚百選」の青島も

日南フェニックスロード
にちなんフェニックスロード

宮崎市南部から県最南端まで海岸沿いを走る。「日南海岸ロードパーク構想」のもとに椰子の木が植えられ、南国の花が周辺を彩る。リゾート気分が上がる絶景ロードだ。

宮崎県 MAP P.189 F-3

☎0987-31-1134（日南市観光協会） 交東九州自動車道・日南東郷ICから6.5km 所宮崎県宮崎市内海など 開休料通行自由 Pなし

山々が広がる大パノラマを走り抜ける

やまなみハイウェイ

「日本百名道」のひとつで、県道11号の一部の区間。森林に囲まれ、くじゅう連山や高原の絶景を望み、阿蘇外輪山を駆け下りるルート。

大分県 MAP P.187 E-3

☎0973-73-3800（九重"夢"大吊橋観光案内所） 交大分自動車道・湯布院ICから4km 所大分県九重町田野 開休料通行自由 Pなし

連山を望む飯田高原一帯は草原が広がりレジャースポットや温泉も点在

日中の絶景はもちろん、晴れた日はドラマチックな夕景シーンに出会える

車関連CMなどのロケ地

生月サンセットウェイ
いきつきサンセットウェイ

本島から生月大橋で平戸島に入ると始まる道路。島の西海岸沿って約10km、信号がひとつもなく、水平線やそそり立つ断崖などの絶景が続くドライブウェイだ。

長崎県 MAP P.186 B-3

☎0950-23-8600（平戸観光協会） 交西九州自動車道・佐々ICから45km 所長崎県平戸市生月町南免～山田免～壱部 開休料通行自由 Pなし

山水画のような
渓谷と滝

激しい岩肌を清流が流れ、
季節で移り変わる深山幽谷。
せせらぎと木々のざわめきのなか、
自然に身を任せて過ごしたい。

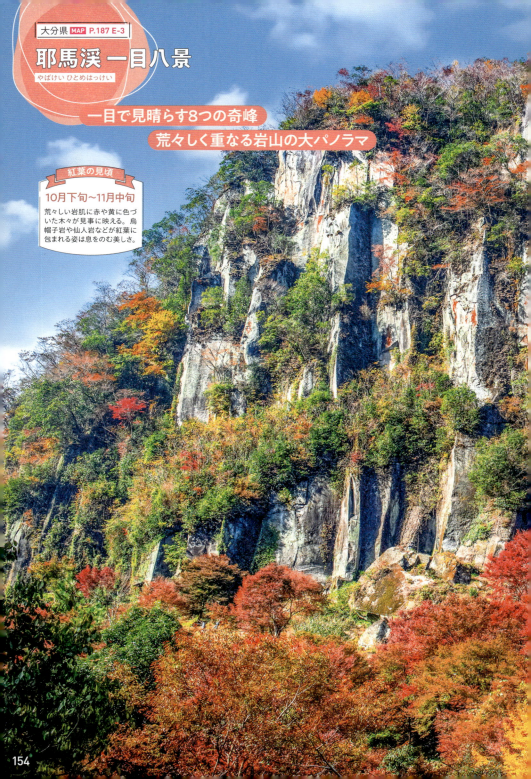

大分県 MAP P.187 E-3

耶馬渓 一目八景
やばけい ひとめはっけい

一目で見晴らす8つの奇峰
荒々しく重なる岩山の大パノラマ

紅葉の見頃
10月下旬～11月中旬
荒々しい岩肌に赤や黄に色づいた木々が見事に映える。烏帽子岩や仙人岩などが紅葉に包まれる姿は息をのむ美しさ。

山水画のような渓谷と滝

深耶馬渓を流れる山移川に沿って広がる8つの奇岩。秋には、岩間の広葉樹が彩りを添える

> 渓谷全体が赤や黄に染まり峰々との鮮やかな対比が楽しめる。
> 大自然がつくり出した芸術作品のような場所。

耶馬渓とは大分県中津市の山国川の中流域を中心とした渓谷全体のことで、奇岩・奇峰がそそり立ち、数々の絶景に出会えることから「新日本三景」に選定されている。山国川の支流である山移川沿い、耶馬渓の最奥・深耶馬渓の「一目八景」は、海望嶺、仙人岩、嘯猿岩、夫婦岩、群猿山、烏帽子岩、雄鹿長尾の嶺、鷲ノ巣山の8つの特徴的な岩峰を一望できることからのその名で呼ばれるスポットで、まさに絶景と呼ぶにふさわしい場所だ。秋には色とりどりの木々に彩られ、より美しさを増す風景をぜひ見に行きたい。

みやげ店などが集まる付近に展望台があり、8つの岩峰のほか雄大な山々や渓谷を一望できる

ACCESS
アクセス

福岡空港
↓ 車で15分
太宰府IC
↓ 車で1時間30分
中津IC

中津ICから国道212・500号、県道28号などを経由し、車で1時間。JR豊後森駅からは、玖珠観光バス柿坂行きで25分、耶馬渓温泉センター下車、徒歩5分、本数は少ない。

INFORMATION
問い合わせ先

中津市耶馬渓支所地域振興課
☎0979-54-3111
中津耶馬渓観光協会
☎0979-64-6565
深耶馬渓観光案内所
☎0979-55-2880

DATA
観光データ

所 大分県中津市耶馬渓町深耶馬 開休 見学自由 P あり

BEST TIME TO VISIT
訪れたい季節

新緑の季節、紅葉の季節など、四季折々の表情を見せてくれる。特に、秋の紅葉は、渓谷を赤や黄に染め上げて美しい。また、年間を通してさまざまなイベントが開催される。

耶馬渓をもっと堪能するなら

耶馬渓アクアパーク
やばけいアクアパーク
MAP P.156- 1

耶馬渓ダムにある水上スポーツ施設。水上スキーや湖面遊覧も楽しめる。
☎0979-54-3000 交 東九州自動車道・中津ICから22km 所 大分県中津市耶馬渓町山移2704 開 9:00～17:00 休 水曜 料 湖面遊覧600円、水上スキー、ウェイクボード3500円～ほか P あり

併せて訪れたい周辺のスポット

耶馬渓の景観を再現した耶馬渓ダム記念公園溪石園、御霊もみじや青の洞門のイチョウなど、
峰々を背景に木々があでやかに赤や黄に色づき、心を奪われる。

耶馬渓ダム記念公園 溪石園
やばけいダムきねんこうえん けいせきえん

MAP P.156-2

耶馬渓ダムの完成を記念して造られた日本庭園。耶馬渓の清流を再現し、50種2万本以上の樹木、数万個の岩や滝を配置。紅葉シーズンはさらに華やかな景観が広がる。

🚗 東九州自動車道・中津ICから20km 📍大分県中津市耶馬渓町大島2286-1 休無料 見学自由 Ｐあり

耶馬渓の美を再現した庭園

秋には園内の紅葉が真っ赤に染まり美しい

青の洞門
あおのどうもん

MAP P.156-3

江戸時代、耶馬渓に立ち寄った禅海和尚が旅人の安全のため30年の歳月をかけて全長342mを掘り抜いたトンネル。ノミ跡など、当時の手掘りの一部が残っている。

🚗 東九州自動車道・中津ICから10km 📍大分県中津市本耶馬渓町曽木 休無料 見学自由 Ｐあり

30年の年月をかけて手掘りされた

洞門脇にイチョウの大木があり、見事な黄葉に

通行料を徴収した日本最初の有料道路といわれる

御霊もみじ
ごりょうもみじ

MAP P.156-4

苔むした石段に積もる紅葉

例年、耶馬渓のなかでも遅く見頃を迎える

御霊神社参道の苔むした石段の両脇にある木々が秋になると赤や黄に染まる。境内には落葉したイチョウの葉が積もり、参道のモミジとのコントラストが美しい。

🚗 東九州自動車道・中津ICから16km 📍大分県中津市耶馬渓町戸原2176 休無料 見学自由 Ｐあり

古羅漢
ふるらかん

MAP P.156-5

耶馬渓のなかに屏風を広げたように続く岩壁。その雄大な姿と神秘的な雰囲気から、陸の軍艦島とも呼ばれている。

🚗 東九州自動車道・中津ICから10km 📍大分県中津市本耶馬渓町跡田 休無料 見学自由 Ｐあり

耶馬渓随一の奇峰である岩壁

山上まで歩道が整備されている

山水画のような渓谷と滝

鹿児島県 MAP P.189 E-4
雄川の滝
おがわのたき

柱状の岩肌に現れる
エメラルドグリーンの滝つぼ

展望台は滝の正面にある2階建て展望デッキと滝つぼを上から見下ろす上流展望所の2カ所

**自然がつくり出す生きた芸術作品のような滝。
マイナスイオンたっぷりの空気のなかでリラックス。**

落差約46m、幅約60mの迫力満点の滝。さわやかな水のカーテンと、エメラルドグリーンに彩られる滝つぼの美しさが有名。シラス台地が川の流れによって浸食されて形成されたもので、柱状節理が連なる岩肌から何本も伏流水が流れ出ている。そのスケールの大きさから生まれる圧倒的な存在感は、訪れる人を魅了。駐車場から滝つぼまでは片道1.2㎞の遊歩道となっており、渓流の音に癒されながら散策を楽しむことができる。ほどよい勾配のある遊歩道なので、歩きやすい服装や靴がおすすめだ。

雨の日のあとは川の水量が増えるため、エメラルドグリーンの滝つぼを見るなら晴れた日が続いた日がおすすめ

ACCESS
アクセス

鹿児島空港
↓ 車ですぐ
溝辺鹿児島空港IC
↓ 車で55分
鹿屋串良JCT

鹿屋串良JCTから大隅縦貫道、県道561号などを経由し、車で45分。薩摩半島側にある山川港から根占港までフェリーが出ており、所要50分。根占港からは県道562号、国道448号経由で、車で15分。

INFORMATION
問い合わせ先

南大隅町企画観光課
☎0994-24-3115
鹿屋市ふるさとPR課 ☎0994-31-1121

DATA
観光データ

所 鹿児島県南大隅町根占川北
見学自由 P あり 開休料

BEST TIME TO VISIT
訪れたい季節

各季節で異なる表情を見せ、何度訪れても飽きることはない雄川の滝。春は新緑が芽吹き、滝の水量も豊富になり、生命力あふれる景色が楽しめる。秋は紅葉が滝の周辺を彩り、幻想的な景色が堪能できる。夏は涼を求めて、冬は雪景色の滝を楽しむのもおすすめ。

山水画のような渓谷と滝

青い海に映える小さな岩山に建つ社

青い海と岩山、赤い鳥居のコントラストが鮮やか

周辺のスポット

菅原神社（荒平天神）
すがわらじんじゃ（あらひらてんじん）

MAP P.159

砂州に立つ赤い鳥居が印象的。本殿は海に突き出た岩山にあり、学問の神様・菅原道真を祀る。大潮の満潮時は海に浮かぶ島のようになる。

交 東九州自動車道鹿屋・串良JCTから20km
所 鹿児島県鹿屋市天神町4014 開休料
参拝自由 P あり

159

熊本県 MAP P.189 E-1

菊池渓谷
きくちけいこく

**阿蘇の伏流水が育んだ渓谷
神々しいまでの光が煌めいて**

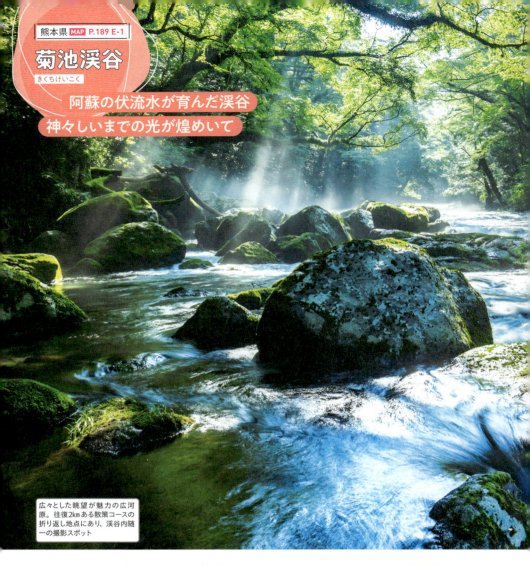

広々とした眺望が魅力の広河原。往復2kmある散策コースの折り返し地点にあり、渓谷内随一の撮影スポット

苔むした岩の間で水しぶきの上がる様子が、まるで朝靄のような黎明(れいめい)の滝

160

豊かな原生林やたくさんの滝が魅せる渓谷。
夏の早朝には緑の間に光が差す光芒(こうぼう)が見られる。

阿蘇外輪山(がいりんざん)から湧き出た伏流水が悠久の時をかけてつくり出した渓谷で、「日本の名水百選」や「日本の滝百選」など、数々の称号を持つ。一帯はモミやケヤキなどの広葉樹の原生林に覆われており、渓谷内にはかつて竜が棲んでいたという伝説が残る天狗滝(てんぐたき)や、渓谷内で最大の落差を誇る掛幕の滝(かけまく)など、個性豊かな滝が点在。歩を進めるたびに、異なる表情が楽しめる。散策路の折り返し地点にある広河原(ひろかわら)では、夏の早朝に光芒が現れる。マイナスイオンを浴びながら、美しい風景を写真に収めたい。

山水画のような渓谷と滝

ACCESS アクセス

福岡空港
↓ 車で15分
太宰府IC
↓ 車で55分
植木IC

植木ICから県道53・37号、国道387号、県道45号を経由して、車で40分。玄関口である菊池渓谷ビジターセンターから始まる散策コースは往復1km、所要40分のコースと、往復2km、所要1時間20分のコースの2種類。

INFORMATION 問い合わせ先

菊池渓谷管理事務所
☎0968-27-0210
菊池市観光振興課
☎0968-25-7823
小国町情報課　☎0967-46-2113

DATA 観光データ

所 熊本県菊池市原　開 8:30〜17:00
休 無休　料 300円　P あり(有料)

BEST TIME TO VISIT 訪れたい季節

いつ訪れても美しい景色が楽しめるが、おすすめは夏。夏の平均水温は13℃と涼しく、避暑地として人気。緑が深まり、木陰を歩くとひんやりとした空気に包まれ、夏の暑さを忘れさせてくれる。

シルクのカーテンのような神秘的な滝

入場するには事前にチケットを予約するのがおすすめ

周辺のスポット

鍋ヶ滝(なべがたき)

MAP P.160

高さ10m幅20mと横に広い滝。阿蘇のカルデラをつくった約9万年前の巨大噴火で形成されたといわれている。

交 大分自動車道・九重ICから27km　所 熊本県小国町黒渕　開 9:00〜17:00　休 無休　料 300円　P あり

161

曽木の滝
そぎのたき

鹿児島県 MAP P.189 D-2

岩肌を削る激流
大地に響く轟音

公園内には滝を一望できる展望台もあり、その雄大な景観を堪能できる

　鹿児島県北西部を流れる川内川（せんだいがわ）の上流域にある、幅210m、高さ12mにも及ぶ巨大な滝。特に水量の多い夏が豪快で、そのスケールの大きさから「東洋のナイアガラ」とも呼ばれている。川内川沿いには遊歩道が整備されており、旧水力発電所の水路跡もたどることができるほか、滝の上流には広大な岩盤が広がり、巨岩と木々が織りなす景観を楽しむこともできる。滝の周辺は自然公園になっており、四季折々の美しさが楽しめるのも魅力のひとつ。桜や紅葉の季節にはイベントも開催され、多くの観光客で賑わう。

ACCESS
アクセス

鹿児島空港
↓ 車ですぐ
溝辺鹿児島空港IC
↓ 車で15分
横川IC

横川ICから県道53号、黄金ロードなどを経由し、車で30分。

INFORMATION
問い合わせ先

曽木の滝観光案内所
☎0995-28-2600

DATA
観光データ

所 鹿児島県伊佐市大口宮人628-41
開休料 見学自由 P あり

BEST TIME TO VISIT
訪れたい季節

四季を通して美しい滝だが、春は桜やツツジが、秋には紅葉が周囲を鮮やかに染め上げる。桜の見頃は3月下旬〜4月上旬、紅葉の見頃は11月下旬〜12月上旬。例年12〜1月頃は、100万球以上のイルミネーションが公園内を彩る。また、梅雨時期は水量増加により迫力満点な滝の姿を見ることができる。

大分県 MAP P.187 E-4

黄牛の滝
あめうしのたき

豊後竹田の秘境
豊かに落ちる滝

山水画のような渓谷と滝

滝つぼに落ちる水しぶきが霧のように立ち込め、虹がかかることもある

　大分県竹田市の雄大な自然のなかにある、落差約25mの美しい滝。水量も豊富で、轟音をたてて流れ落ちる姿はまさに圧巻。昔、この滝には龍が棲んでいたという伝説があり、その龍を鎮めるために滝つぼへあめ色（黄色）の子牛の頭を投げ入れたという逸話が名前の由来とされる。駐車場から滝までは徒歩で10分ほど。滝の周囲は奇岩が点在する緑豊かな渓谷になっているため、滝まで歩きながら、自然の造形美を楽しむことができる。石が多く滑りやすいので、散策には歩きやすい靴がおすすめ。

ACCESS
アクセス

大分空港
↓ 車で30分
速見IC
↓ 車で25分
九重IC

九重ICから県道40号、国道442号、県道131号を経由して、車で1時間5分。阿蘇くまもと空港からはやまなみハイウェイなどを経由して、車で1時間20分。

INFORMATION
問い合わせ先

竹田市商工観光課 ☎0974-63-4807

DATA
観光データ

所 大分県竹田市上坂田103-1　開休料 見学自由　P あり

BEST TIME TO VISIT
訪れたい季節

それぞれの季節で異なる魅力があるが、人気なのは夏。夏は水量が増し、滝の轟音がよりいっそう迫力を増す季節。涼を求めて訪れる人も多く、避暑地としても人気。春は滝と新緑のコントラストが美しく、秋は紅葉が見頃を迎え、滝と紅葉のコラボレーションは絶景。静寂に包まれた冬の黄牛の滝もまた格別。好みのシーズンを選んで訪れたい。

COLUMN

幻想的なブルー&グリーンの世界

水面がきらきら輝く湧水

古くから水神信仰の対象だった湧水をはじめ、人の営みとともにある水源は見て美しく飲めば潤いに。環境省の「日本の名水百選」に認定されているものも。

四方の眺望に優れ「四明荘」と名付けられた名園

湧水庭園 四明荘
ゆうすいていえん しめいそう

明治後期に医師の別邸として建てられた。座敷の正面などが池に張り出し、室内から鯉の泳ぐ池や植栽を施された庭園が望める。座敷と庭園が一体化した優雅な景観を楽しみたい。

長崎県　MAP P.187 D-4

☎0957-63-1121　長崎自動車道・諫早ICから50km　長崎県島原市新町2-125　9:00〜18:00　無休　400円　Pなし

1日約3000tの湧水量を誇る池。縁側から鯉が泳ぐ様子を眺められる

「日本名水百選」「豊の国名水15選」にも認定

男池湧水群
おいけゆうすいぐん

黒岳の麓にある湧水群。湧出量は1日約2万tと豊富で、青く透き通った水は、飲むとまろやかでやさしい口当たり。周辺は遊歩道も整備され、森林浴やトレッキングも楽しめる。

大分県　MAP P.187 E-3

☎097-582-1113（由布市庄内振興局地域振興課）　大分自動車道・湯布院ICから31.5km　大分県由布市庄内町阿蘇野　見学自由　清掃協力金100円　Pあり

昔から近隣住民の生活用水で、休日には水を汲みに来る人々で賑わう

水の生まれる郷として知られる南阿蘇村の水源

白川水源
しらかわすいげん

熊本県を代表する水源スポット。四季を通じ、水温14℃の水が毎分60tも湧き出ており、熊本市内中央を流れる「白川」の源となっている。湧水は飲むこともでき、持ち帰りも可。

熊本県　MAP P.189 E-1

☎0967-67-2222（南阿蘇観光案内所）　九州自動車道・熊本ICから36km　熊本県南阿蘇村白川2040　8:00〜17:00（季節により変動あり）　無休　環境保全協力金100円　Pあり

神秘的な水源は古くから信仰の対象で、横の神社に水神様が祀られている

春は桜、夏はホタルの名所としても賑わう

霧島山麓丸池湧水
きりしまさんろくまるいけゆうすい

1日約6万tもの湧水は生活用水として近隣住民の暮らしを潤している。その感謝を込め9月初旬には「名水丸池感謝の夕べ」を開催。池や周辺が約2000本の竹灯籠で幻想的に変化する。

鹿児島県　MAP P.189 E-2

☎0995-74-3111（湧水町商工観光PR課）　九州自動車道・栗野ICから2km　鹿児島県湧水町木場589　見学自由　Pあり

コバルトブルーの美しい水面を眺めたり、水路沿いの小道の散策も楽しい

教会のある街と島

かつて南蛮貿易の舞台となり、キリスト教の布教が行われた長崎県内には多くの教会が点在する。複雑な歴史を刻んだ街を長い間見守り、今も市民の心に寄り添う存在だ。

長崎県 MAP P.186 C-4
長崎
ながさき

坂道に点在する教会と洋館
異文化を纏う港町を歩く

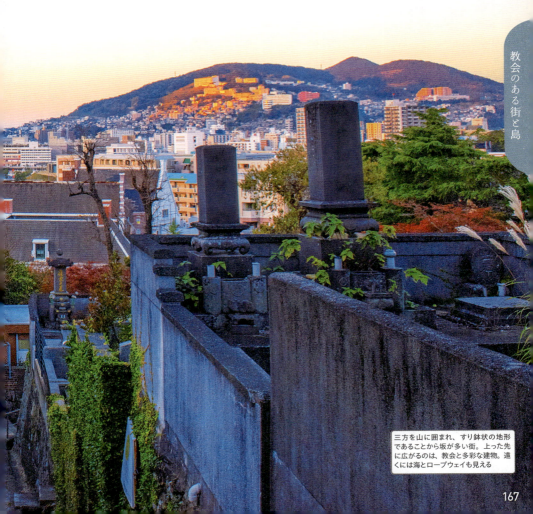

教会のある街と島

三方を山に囲まれ、すり鉢状の地形であることから坂が多い街。上った先に広がるのは、教会と多彩な建物。遠くには海とロープウェイも見える

> 街中にある坂道を散策すれば、歴史を物語る洋風住宅の姿を今も見かけることができる。地形と異国文化が形づくる叙情的な風景を満喫する。

室町末期から南蛮貿易の舞台として栄えた長崎。特に南山手・東山手地区は江戸末期、鎖国から開国に至ると外国人居留地として整備され、イギリス、フランス、アメリカ、ロシアなどの領事館や洋館が建てられた。今もかつての建物が残るほか、人気の観光名所である大浦天主堂や洋風住宅群、さらに中国伝統様式で建てられた長崎孔子廟もこの界隈に集まり、長崎を代表するエリアとなっている。石畳の坂道から望む、洋館や教会や港。異国情緒あふれる街を歩けば、歴史が紡ぐ物語が見えてくる。

鍋冠山展望台からの眺め。坂を上った先には写真に残したくなる風景が待っている

「オランダさん」が往来した居留地にあるオランダ坂。今は主に碑が立つ東山手の坂をいう

ACCESS
アクセス

- 長崎空港
- ↓ 車で8分
- 大村IC
- ↓ 車で25分
- 長崎IC

長崎ICからJR長崎駅までは、ながさき出島道路や国道499・202号などを経由して、車で10分。博多駅から長崎駅までは、JR特急リレーかもめで武雄温泉駅に向かい、西九州新幹線に乗り換える。所要1時間30分。

INFORMATION
問い合わせ先

長崎市コールセンター「あじさいコール」
📞 095-822-8888
長崎国際観光コンベンション協会
📞 095-823-7423

DATA
観光データ

[所] 長崎県長崎市 [閉休] 見学自由 [P] 周辺駐車場利用

BEST TIME TO VISIT
訪れたい季節

寒暖差の小さい海洋性気候のため、一年を通して快適に過ごせる。毎年10月上旬に行われる長崎くんちと、冬に行われる長崎ランタンフェスティバルは、国内外から観光客が訪れる2大祭り。ホテルが予約しづらくなるので要注意。

TRAVEL PLAN

日本のどこにもない、独自の歴史が生み出したスタイルが、この街にはある。歩いて、見て、食べて、その奥深い文化を享受したい。

COURSE

- 10:00 長崎駅
  - ↓ 路面電車+徒歩で25分
- 10:25 大浦天主堂
  - ↓ 徒歩3分
- 11:00 グラバー園
  - ↓ 徒歩10分
- 12:30 長崎孔子廟
  - ↓ 路面電車+徒歩で15分
- 14:00 国指定史跡「出島和蘭商館跡」
  - ↓ バス+ロープウェイで30分
- 17:00 稲佐山山頂展望台
  - ↓ ロープウェイ+バスで30分
- 19:00 長崎駅

LUNCH

味を守り継ぐちゃんぽん発祥の店
中華料理 四海樓
ちゅうかりょうり しかいろう
MAP P.168-[6]

歴史を感じる深みのあるスープのちゃんぽん 1430円

☎095-822-1296 交大浦天主堂電停からすぐ 所長崎県長崎市松が枝町4-5 営11:30～14:30（最終入店）17:00～19:30（最終入店）休不定休 Pなし

山麓と稲佐山山頂、全長1090mを約5分で結ぶ長崎ロープウェイ。夜は光の中を空中散歩

大浦天主堂
おおうらてんしゅどう
MAP P.168-[1]

現存する日本最古のカトリック教会

日本で最初に殉教した26聖人のために建てられた教会。信徒発見の舞台としても知られ、世界遺産にも登録されている。

☎095-823-2628 交大浦天主堂電停から徒歩5分 所長崎県長崎市南山手町5-3 営8:30～18:00（11～2月は～17:30）※受付は各30分前まで 休無休 料1000円 Pなし

正面入口のマリア像はフランスから贈られたもの

©長崎県観光連盟

中国の思想家 孔子を祀る霊廟

長崎孔子廟
ながさきこうしびょう
MAP P.168-[3]

明治26年（1893）、清朝政府と華僑によって建造。本国の総本山並みの壮麗な伝統美を誇る。併設の中国歴代博物館では孔子関連の貴重な所蔵品を展示している。

☎095-824-4022 交大浦天主堂電停から徒歩3分 所長崎県長崎市大浦町10-36 営9:30～18:00（入館は～17:30）休無休 料660円 Pなし

孔子は『論語』で知られる約2500年前の中国の思想家

グラバー園
グラバーえん
MAP P.168-[2]

旧グラバー住宅などの国指定重要文化財3棟に加え、市内に点在していた洋風建築を移築・復元し、9つの建物が並ぶ。

☎095-822-8223 交大浦天主堂電停から徒歩7分 所長崎県長崎市南山手町8-1 営8:00～18:00（入園は～17:40）※夜間開園あり 休無休 料620円 Pなし

9つの美しい洋風建築が集合

旧グラバー住宅は、現存する日本最古の木造洋風建築

西洋文化の入口 「出島」を復元

19世紀初頭の街並みを復元したエリアも

国指定史跡「出島和蘭商館跡」
くにしていしせき「でじまおらんだしょうかんあと」
MAP P.168-[4]

鎖国時代にオランダとの貿易が許された唯一の場所。場内には復元建物が立ち並ぶ。

☎095-821-7200（出島総合案内所）交出島電停から水門ゲートまで徒歩1分 所長崎県長崎市出島町6-1 営8:00～21:00（入場は～20:40）休無休 料520円 Pなし

稲佐山山頂展望台
いなさやまさんちょうてんぼうだい
MAP P.168-[5]

標高333mの稲佐山山頂に建つ、ガラス張りの円形状の建物。LEDを床に敷きつめた4階屋上の展望スペースでは、長崎の夜景を360度楽しめる。

交長崎ロープウェイ稲佐岳駅から徒歩3分 所長崎県長崎市稲佐町稲佐山山頂 営8:00～22:00 Pあり（20分無料、以降30分100円）

街いちばんの夜景スポット

展望台から望む夜景は、旅のクライマックス

教会のある街と島

長崎県 MAP P.186 B-3

平戸
ひらど

和と洋が交錯
南蛮貿易で栄えた城下町

教会のある街と島

寺院と教会の見える風景。連なる寺院の屋根の向こうに、高台にそびえる教会の尖塔が見える

密かに継承してきたキリシタン文化と、城下町として栄えた時代の面影が今なお色濃い平戸の街。時空を超えて旅するように歩きたい。

平戸島をはじめとする有人島と、九州本土に位置する田平地区、周辺の島々からなる平戸市。遣隋使、遣唐使の時代から交通の要所であり、歴史上、最も強く脚光を浴びたのが南蛮貿易の時代。欧州から人や文物が流入し、異国情緒とともにキリスト教が定着した。禁教令以降は平戸藩の城下町として栄え、島にはさまざまな時代、文化の薫りが層をなして現代に残る。また、「長崎と天草地方の潜伏キリシタン関連遺産」の構成資産として「平戸の聖地と集落（春日集落と安満岳）、（中江ノ島）」が、世界遺産に登録されている。

平戸城から望む平戸港。現在の城は昭和37年(1962)に平戸市が復元した

ACCESS アクセス

長崎空港
↓ 車で8分
大村IC
↓ 車で1時間5分
佐々IC

佐々ICからは県道227号、国道204号などを経由して松浦鉄道たびら平戸口駅まで車で30分。佐世保駅からたびら平戸口駅までは松浦鉄道で1時間20分、駅から平戸市街までタクシーで10分ほど。平戸市観光案内所では電動アシスト付き自転車の貸し出しをしており、2時間500円〜。

INFORMATION 問い合わせ先

平戸市観光案内所　0950-22-2015
平戸観光協会　0950-23-8600
平戸市観光課　0950-22-9140

DATA 観光データ

所長崎県平戸市　休見学自由　P周辺駐車場利用

BEST TIME TO VISIT 訪れたい季節

夏は気温が上がりにくく、冬は温暖な平戸。降水量は多く、特に梅雨から夏にかけては雨の日が多い。名物のヒラメの旬は冬で、1月末〜3月には平戸ひらめまつりも行われる。

キリスト教信者が移住してきた田平地区へ

潜伏キリシタンの多かった長崎の出津(外海地区)や佐世保の黒島から、信者が移住してきた田平地区。世界遺産にも関連する、歴史的に重要なエリアだ。

田平天主堂
たびらてんしゅどう
MAP P.172-①
所長崎県平戸市田平町小手田免19　交松浦鉄道たびら平戸口駅から4km　開9:00〜17:00　休無休　料無料　Pあり　※見学は公式サイト、または電話で要申請

3層の塔屋と、一番上の八角ドームが特徴

TRAVEL PLAN

歴史ある城下町の中に、オランダやポルトガルなど西欧の薫りを感じる風景は平戸ならでは。当時が垣間見えるスポットを巡って、独特の歩みを紐解こう。

COURSE

10:00	たびら平戸口駅
↓	車で10分
10:10	平戸城
↓	徒歩15分
11:15	最教寺
↓	徒歩15分
12:00	平戸ザビエル記念教会
↓	徒歩10分
13:00	松浦史料博物館
↓	徒歩7分
14:30	平戸オランダ商館
↓	車で10分
16:00	たびら平戸口駅

平戸城
ひらどじょう
MAP P.172-②

享保3年(1718)に5代藩主・松浦棟が幕府の許可を得て築いた城を復元。内部はデジタル映像で歴史を体験できる施設になっている。

☎0950-22-2201 松浦鉄道たびら平戸口駅から5km 長崎県平戸市岩の上町1458 8:30～17:00 無休 520円 Pあり

平戸藩主松浦家の城

平戸藩との縁が深い山鹿流により建造

最教寺
さいきょうじ
MAP P.172-③

「西の高野山」と称される寺院

高さ33.5mの塔から平戸市街地を一望

弘法大師の霊場でもあり、昭和63年(1988)に空海(弘法大師)の1150年御遠忌に建立された三重塔が見事。

☎0950-22-2469 松浦鉄道たびら平戸口駅から5km 長崎県平戸市岩の上町1205 8:30～17:00 木曜 400円 Pあり

平戸ザビエル記念教会
ひらどザビエルきねんきょうかい
MAP P.172-④

教会脇にはザビエル像を建立

昭和6年(1931)に献堂された教会。昭和46年(1971)には献堂40周年を記念してザビエル像が建立された。近年、「聖フランシスコ・ザビエル記念聖堂」から現在の名称に改めた。

松浦鉄道たびら平戸口駅から5.5km 長崎県平戸市鏡川町259-1 内覧8:00～16:00 無休(ミサがある場合は見学不可) 無料 Pあり

鮮やかなモスグリーンの外観が印象的

松浦史料博物館
まつらしりょうはくぶつかん
MAP P.172-⑤

明治26年(1893)、平戸藩主・松浦家の邸宅として建てられた屋敷をそのまま博物館として利用している。

☎0950-22-2236 松浦鉄道たびら平戸口駅から5.5km 長崎県平戸市鏡川町12 8:30～17:30 無休 660円 Pあり

平戸の歴史を物語る資料を展示

収蔵品は3万点以上にのぼる

平戸オランダ商館
ひらどオランダしょうかん
MAP P.172-⑥

商館倉庫を忠実に再現

寛永18年(1641)に取り壊された商館を復元

長崎の出島以前に貿易の場として栄えた平戸のオランダ商館を復元。館内に当時の貿易品など資料を展示している。

☎0950-26-0636 松浦鉄道たびら平戸口駅から5.5km 長崎県平戸市大久保町2477 8:30～17:30 6月第3火～木曜 310円 Pなし

オランダ商館の塀の一部が残っているオランダ塀。貝殻と石炭が混ざった独特の色味が特徴

教会のある街と島

173

長崎県 MAP P.186 A-4

五島列島 福江島
ごとうれっとう ふくえじま

遣唐使とキリシタンの歴史が残る
五島列島の中枢

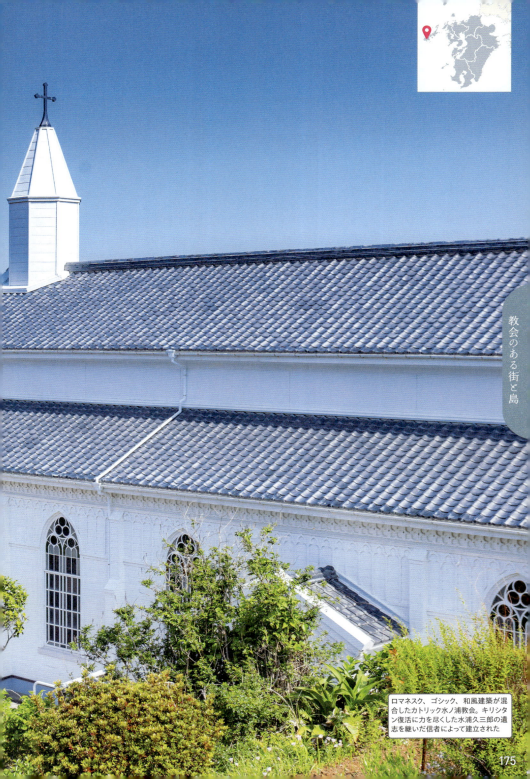

教会のある街と島

ロマネスク、ゴシック、和風建築が混合したカトリック水ノ浦教会。キリシタン復活に力を尽くした水浦久三郎の遺志を継いだ信者によって建立された

> はるか遠い唐の国へと遣唐使船は五島列島・福江島から旅立った。
> 美しい海に囲まれた150余りの島々には海外との歴史が刻まれている。

九州の最西端、東シナ海に浮かぶ大小150余りの島々が連なる五島列島。ほぼ全域が西海国立公園という豊かな自然を有し、キリシタン弾圧時代の歴史が色濃く残る土地でもある。五島列島のなかで最大面積を誇り、交通・経済の要衝でもある福江島は、空路、航路ともに整備されておりアクセスも便利。島内には、堂崎天主堂やカトリック水ノ浦教会などの教会、敷地内に資料館の建つ福江城跡、大瀬崎断崖といった景勝地など、観光スポットが点在する。「日本三大うどん」のひとつ・五島うどんなど、楽しみは尽きない。

長崎港や博多港からフェリーが発着する福江港。水平線がオレンジに染まる夕日は必見

白砂と澄みきったマリンブルーの海で知られる高浜海水浴場は、五島を代表するビーチ

ACCESS
アクセス

- 長崎空港
- ↓ 飛行機で30分
- 五島つばき空港
- 長崎港
- ↓ 高速船ジェットフォイルで1時間25分
- 福江港

五島つばき空港までは福岡空港からも便があり、所要40分。本数はそれぞれ毎日往復3便。福江港へは博多港からもフェリーがあり、所要8時間30分。五島列島間の移動も福江港が起点となる。

INFORMATION
問い合わせ先

五島市観光協会 ☎0959-72-2963
五島市三井楽支所 ☎0959-84-3111
五島市玉之浦支所 ☎0959-87-2211

DATA
観光データ

所 長崎県五島市 開休料 見学自由 P 周辺駐車場利用

BEST TIME TO VISIT
訪れたい季節

夏から秋にかけてがベストシーズン。クリスマスの時期は、教会でイルミネーションやコンサートが行われることも。ただ冬は時化で船が欠航することが多く、1～3月は積雪も。

五島列島 福江島

4 カトリック水ノ浦教会
5 白良ヶ浜万葉公園
3 堂崎天主堂
2 BABY QOO
1 福江城跡
6 大瀬崎断崖

176

TRAVEL PLAN

空港も備えた五島観光の拠点。島内に教会が点在するほか、石組みの城壁や濠などもあり、城下町の面影も。歴史ある島風景を散策したい。

COURSE

- 10:00 五島つばき空港
  - ↓ 車で10分
- 10:10 福江城跡
  - ↓ 車で20分
- 11:30 堂崎天主堂
  - ↓ 車で30分
- 13:00 カトリック水ノ浦教会
  - ↓ 車で8分
- 13:40 白良ヶ浜万葉公園
  - ↓ 車で45分
- 15:30 大瀬崎断崖
  - ↓ 車で55分
- 17:00 五島つばき空港

福江城跡
ふくえじょうあと
MAP P.176-[1]

三方を海に囲まれた日本最後の海城跡

幕末、外国船防衛対策として築城された海城跡。明治になって解体され、現在は蹴出門と石橋、城壁、濠が残る。

☎0959-74-2300(五島観光歴史資料館) 交五島つばき空港から4km 所長崎県五島市池田1-1 営9:00～17:00(季節により異なる) 休無休 料300円(五島観光歴史資料館) Pあり

横町口蹴出門(搦手門)と石垣

SWEETS
キビナゴ漁師が営むチリンチリンアイス
BABY QOO
ベビークー
MAP P.176-[2]

チリンチリンアイス350円～。堂崎天主堂を見ながら堪能

☎090-8765-3581 交五島つばき空港から13km 所長崎県五島市奥浦町堂崎1997 営9:00～18:00 休不定休 Pあり

堂崎天主堂
どうざきてんしゅどう
MAP P.176-[3]

明治13年(1880)、禁教令解除後に建てられた天主堂。現在の天主堂は明治41年(1908)の建立で布教の拠点となった。内部では潜伏キリシタン時代の資料を展示。

☎0959-73-0705(資料館) 交五島つばき空港から14km 所長崎県五島市奥浦町堂崎2019 営9:00～17:00(季節により異なる) 休無休 料300円 Pあり

五島最古の洋風天主堂

ゴシック様式の煉瓦造りで、五島列島初の洋風建築

カトリック水ノ浦教会
カトリックみずのうらきょうかい
MAP P.176-[4]

水ノ浦湾を一望する小高い丘の上に建つ教会。明治13年(1880)に建立され、現在の教会堂は昭和13年(1938)に新築されたもの。

☎0959-82-0103 交五島つばき空港から17km 所長崎県五島市岐宿町岐宿1643-1 営9:00～16:00 休不定休 料無料 Pあり

青空に映える白亜の教会

鉄川与助(てつかわよすけ)設計・施工の木造の教会

白良ヶ浜万葉公園
しららがはままんようこうえん
MAP P.176-[5]

遣唐使船型展望台の朱色の船艇が公園のシンボル。『万葉集』にゆかりの歌碑などが立つ。

交五島つばき空港から23km 所長崎県五島市三井楽町濱ノ畔 休料見学自由 Pあり

遣唐使最後の寄港地

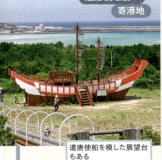
遣唐使船を模した展望台もある

大瀬崎断崖
おおせざきだんがい
MAP P.176-[6]

福江島の西の果て、東シナ海に突き出した断崖絶壁で、高さ150m、長さ20kmにも及ぶ九州随一の景勝地として有名。

交五島つばき空港から38km 所長崎県五島市玉之浦町玉之浦 休料見学自由 Pあり

断崖絶壁の大パノラマ

九州本土で最後に日が沈むところとしても有名

教会のある街と島

COLUMN

九州にいながら異国情緒を感じる
まるで外国のようなフォトスポット

日本国内で気軽に異国情緒が味わえるヨーロッパや中国、あるいはメルヘンな風景。九州に点在する魅力的な「外国風景」をご紹介！

風車にチューリップというオランダの景色や文化を再現した街並みが楽しい。見頃は2月上旬〜4月上旬

フォトスポット満載の、花と光の街

ハウステンボス

オランダ王室公認の宮殿をはじめ中世のヨーロッパの街並みを再現したテーマパークリゾート。四季折々に花々が咲き誇り、日本最大級の花火大会や世界最大級のイルミネーションなど、多彩なイベントやアトラクションが開催されている。

長崎県　MAP P.186 C-3

📞0570-064-110　🚗西九州自動車道・佐世保大塔ICから8km　🏠長崎県佐世保市ハウステンボス町1-1　⏰9:00〜20:00最終受付（季節・曜日により異なる）　休公式サイトで要確認　料1DAYパスポート7600円〜など　Ｐあり

敷地内には運河が流れ、夜はイルミネーションで彩られた幻想的な街が見られる

©ハウステンボス/J-21803

風光明媚な園内でモアイ像に対面
サンメッセ日南
サンメッセにちなん

美しい自然が楽しめる高台にあり、太平洋も一望できる施設。世界で唯一、イースター島の許可を得て復元されたモアイ像は、さわると願い事が成就するとされている。

宮崎県 MAP P.189 F-3

☎0987-29-1900 ❀宮崎自動車道・宮崎ICから30km 䄂宮崎県日南市宮浦2650 ⊙9:30〜17:00 休水曜 料1000円 Pあり

高さ約4.5mの7体のモアイ像が空と海を背景に並ぶ絶好のフォトスポット

町名が「孔子」の生誕地、中国泗水県にちなむことから町名100年を記念し開業

日本と中国の文化交流のシンボル
有朋の里 泗水孔子公園
ゆうほうのさと しすいこうしこうえん

中国文化をテーマにした公園で、孔子廟をはじめ本格的な中国宮廷建築が並ぶ。近年はコスプレの聖地でもあり観光客にも人気だ。毎年8月14日には夏まつりが行われ、地元住民で賑わう。

熊本県 MAP P.189 E-1

☎0968-38-6100 ❀九州自動車道・植木ICから8km 䄂熊本県菊池市泗水町豊水3381 ⊙9:00〜18:00 休無休 料無料 Pあり

有田焼テーマパークで陶芸体験も
有田ポーセリンパーク
ありたポーセリンパーク

世界の陶磁器に影響を与えてきた有田焼の里ならではのテーマパーク。ドイツのドレスデンに実在する宮殿を模したツヴィンガー宮殿は圧巻の眺めだ。園内随所にあるガーデンでは四季の花々が楽しめる。

佐賀県 MAP P.186 C-3

☎0955-41-0030 ❀西九州自動車道・波佐見有田ICから2km 䄂佐賀県有田町戸矢乙340-28 ⊙9:00〜17:00、有田焼工房10:00〜16:00 休無休 料無料 Pあり

格調あるヨーロッパ式の庭園を再現した、広大なバロック庭園も必見

COLUMN　まるで外国のようなフォトスポット7選

英国を代表するコテージ、シーサイド、フォーマル、メドウの4つの庭で構成

絵本のような庭とガーデンハウス
国際海浜エントランスプラザ 英国式庭園
こくさいかいひんエントランスプラザえいこくしきていえん

英国のトップガーデンデザイナーが作庭した庭園で、中央には英国の伝統的な生活様式がわかるガーデンハウスがある。春にはガーデンショーが開催され、季節の花で彩られる。庭を眺めながら本格的な紅茶が楽しめるカフェも併設。

宮崎県　MAP P.189 F-2

☎0985-32-1369 交宮崎自動車道・宮崎ICから11km 所宮崎県宮崎市山崎町浜山414-1 時9:00〜17:00(5〜9月は〜19:00)、カフェは11:00〜16:30 休第1・3月曜(祝日の場合は翌日)、カフェは不定休 料無料 Pあり

日本三大中華街で中国文化を体感
長崎新地中華街
ながさきしんちちゅうかがい

東西南北に延びる約250mの通りに中華料理店やみやげ物店が軒を連ねる。江戸時代中期に中国との貿易品の倉庫街として海を埋め立て造られた。色鮮やかなランタン装飾など、中国を体感できる場所。

長崎県　MAP P.186 C-4

☎095-822-6540(長崎新地中華街商店街振興組合) 交長崎自動車道・長崎ICから4km 所長崎県長崎市新地町 時休料店舗により異なる Pなし

東西南北に設置された色鮮やかな門・牌楼は、それぞれデザインが異なる

フクロウの森ではかわいいフクロウたちの手乗せ体験や記念撮影も!

絵になる英国風ミニテーマパーク
湯布院 フローラルヴィレッジ
ゆふいんフローラルヴィレッジ

メルヘンな雰囲気漂う園内にムーミン、ピーター・ラビット、ポケモンなどのショップや雑貨店が並ぶ。チェシャ猫をイメージした猫カフェもありマルチに楽しめる。

大分県　MAP P.187 E-3

☎0977-85-5132 交大分自動車道・湯布院ICから4km 所大分県由布市湯布院町川上1503-3 時9:30〜17:30 休無休 料散策無料 Pなし

180

COLUMN

the Best in Japan

新緑と紅葉の名所・鳴子川峡谷が望める。11月上旬の紅葉の見頃には多くの観光客で賑わう

九州で見たい 日本一の風景

日本最古の水路橋や日本一大きい干潟ほか、九州には奇跡のような日本一が点在している。長い年月、人々の暮らしを支えるものや人々に崇められるもの、癒やしてくれるものなど、パワーをくれる日本一のシーンに会いに行こう。

360度のパノラマ！天空の散歩道

九重"夢"大吊橋
ここのえ"ゆめ"おおつりはし

高さ173mと歩道専用としては日本一の高さを誇る大吊橋。標高777mに位置し、長さは390m、幅は1.5mで、メインワイヤーとして直径53mmのワイヤーが7本束ねられている。荷重は大人が一度に約1800人載っても耐えられ、震度7の地震にも耐えられる設計になっているという。

大分県 MAP P.187 E-3

☎0973-73-3800 ✕大分自動車道・九重ICから12km 所大分県九重町田野1208 時8:30〜17:00(7〜10月は〜18:00) 休無休 料500円 Pあり

橋からは「震動の滝・雄滝」や「雌滝」、足元に鳴子川渓谷の原生林という大自然を一望

日本一高い歩行者専用橋

COLUMN　九州で見たい 日本一の風景

干満差も干潮時の面積も日本一
有明海
ありあけかい

干潮時の面積は日本全国の干潟の約4割を占め、日本最大の大きさ。干満差は最大6mにも達し、ここまでの干満差のある海は国内でここのみだ。有明海の西北に位置する道の駅鹿島では毎年6月に干潟の上で行うイベント・鹿島ガタリンピックが行われる。

福岡・佐賀・長崎・熊本県
MAP P.186 C-4

☎なし ⊠佐賀県鹿島市音成甲4427-6(道の駅 鹿島)など 長崎自動車道・武雄北方ICから37km 無休 見学自由 周辺駐車場利用

日本一大きい干潟

干潮時は沖合い5kmにも及ぶ広大な干潟をもたらし、ムツゴロウなどを育んでいる

橘湾に面し、湯と眺望が満喫できる。夕日に染まる海を眺めながらの贅沢な足湯体験も

日本一長い足湯

眺めも抜群、日本一長い足湯
ほっとふっと105
ほっとふっといちまるご

全長105mという日本一の長さを誇る、流れる足湯。小浜温泉の源泉温度、105℃にちなんで名付けられ、豊富な源泉が湯けむりをあげて湯棚を流れ落ちる。腰掛け足湯や小石が足裏を刺激するウォーキング足湯など、種類も多彩。

長崎県 MAP P.186 C-4

☎0957-74-2672(雲仙観光局小浜温泉観光案内所) ⊠長崎自動車道・諫早ICから31km 長崎県雲仙市小浜町北本町905-70 10:00〜19:00(11〜3月は〜18:00) 第3水曜 無料 あり

日本一アトラクションが揃う遊園地
グリーンランド

総面積300万㎡を誇る西日本最大級のレジャースポット。遊園地には70種類以上のアトラクションがあり、その数は日本一に認定されている。ジェットコースターだけでも9機あり、子どもから大人まで楽しめる多彩なアトラクションが揃う。

熊本県 MAP P.189 D-1

☎0968-66-1112 ⊠九州自動車道・南関から15km 熊本県荒尾市緑ケ丘 10:00〜17:00(季節や曜日により異なる) 不定休 2000円(フリーパスは4000円) あり(有料)

日本一多いアトラクション数

広大な敷地内には、遊園地のほか、ゴルフ場、ホテル、温泉、アミューズメント施設なども併設

由緒ある寺院へ導く日本一の石段

釈迦院御坂遊歩道
しゃかいんみさかゆうほどう

熊本が全国に誇る日本一の石段で、その段数は3333段。一般的な人で上りに2時間、下りに1時間要するとされる。昭和63年(1988)、観光の目玉として釈迦院への表参道「御坂」に築かれた。全国10カ所の名石や海外7カ国の御影石などが使われ、友好の絆を表している。

熊本県 MAP P.189 E-1

☎0964-47-1111(美里町役場美しい里創生課) ❖九州自動車道・御船ICから23km ❖熊本県美里町坂本 ❖休 ❖見学自由 ❖あり

毎年11月には階段を上るイベント「アタック・ザ・日本一」を開催。露店が並び抽選会も

日本一多い石段の段数

福岡のシンボル、日本一のタワー

福岡タワー
ふくおかタワー

全長234m、海浜タワーとしては日本で最も高い。平成元年(1989)にアジア太平洋博覧会(よかトピア)の記念として建設。8000枚のハーフミラーが正三角形のタワーを輝かせ、愛称「ミラーセイル(光り輝く鏡の帆)」。晴れた日は青空を映し出す美しいデザインが特徴だ。

福岡県 MAP P.187 D-3

☎092-823-0234 ❖福岡都市高速・百道ICから1km ❖福岡県福岡市早良区百道浜2-3-26 ❖9:30～22:00 ❖無休(6月に2日間の休館あり) ❖800円 ❖あり(有料)

日本一高い海浜タワー

最上階の展望室は地上123m。福岡の街並みや博多湾、脊振山系など360度大パノラマを一望

越冬数日本一、万羽ヅルが舞う絶景

ツル観察センター
ツルかんさつセンター

出水では毎年10月中旬～12月頃にかけ、1万羽を超えるツルがシベリアから渡来し、3月頃まで越冬する。その数と種類の多さは日本一で、「出水ツルの越冬地」としてラムサール条約に湿地が登録されている。1万羽超のツルが優雅に羽ばたく圧巻の景色は唯一無二だ。

鹿児島県 MAP P.189 D-2

☎0996-85-5151 ❖南九州自動車道・野田ICから3.5km ❖鹿児島県出水市荘2478-4 ❖9:00～17:00 ❖3月第2日曜の翌日～10月末 ❖220円 ❖あり(1000円)

ツルたちが群れる圧巻・壮観の景色！ほかでは見ることのできない出水の冬の風物詩だ

日本一多いツルの越冬数

九州で見たい 日本一の風景

COLUMN 九州で見たい 日本一の風景

蒲生八幡神社にそびえ立つ大楠

蒲生の大楠
かもうのおおくす

樹齢約1600年、根周り33.5m、目通り幹囲24.2m、高さ30m、昭和63年(1988)、環境庁(当時)が日本一の大木と認定。樹幹部分には直径4.5m(約8畳)の空洞がある。神社が建立された保安4年(1123)には、すでにここに立っていたという堂々とした巨樹だ。

鹿児島県 MAP P.189 D-3

📞0995-52-8400 交九州自動車道・姶良ICから7km 住鹿児島県姶良市蒲生町上久徳2259-1 営休料境内自由 Pあり

日本一大きい樹木

枝を大きく四方に広げた壮観な姿は、さながら空から降り立った怪鳥のようだといわれる

1日1万5000tを放水する国宝

通潤橋
つうじゅんきょう

嘉永7年(1854)、白糸台地への給水のため、惣庄屋が設けた近世最大級にして、唯一、放水ができる石造アーチ水路橋。水路の総延長約42km、灌漑面積は約100haにも及び、現在も白糸台地の棚田を潤している。2023年に土木構造物としては日本初の国宝に指定。

熊本県 MAP P.189 E-1

📞0967-72-4844(通潤橋ミエルテラス) 交九州中央自動車道・通潤橋ICから2km 住熊本県山都町長原 営休見学自由 料橋上観覧500円(放水日のみ) Pあり

長さ約78.0m、幅6.6m、高さ約21.3m、アーチの半径約28.1mの橋が放水する圧巻の眺め

日本一大きいアーチ式水路橋

明治期の形態を保つ鉄製道路橋

出島橋
でじまばし

出島東端に架かる橋長36mのプラットトラス形式の単桁橋。明治21年(1888)から明治23年(1890)に架けられた橋梁のひとつで、当時の米国系橋梁の特徴が見られ、戦後の改修後もなお建設当時の形を保つ。車道機能を維持する鉄製道路橋として国内最古のもの。

長崎県 MAP P.186 C-4

📞095-894-3384(長崎県教育庁学芸文化課) 交長崎自動車道・長崎ICから4km 住長崎県長崎市江戸町～出島町 営休料見学自由 Pなし

日本一古い鉄製道路橋

建設時は現在より下流に架けられており明治43年(1910)に現在地に移設され出島橋と改名

大注連縄、大鈴、大太鼓と3つの日本一を持つ神社

宮地嶽神社
みやじだけじんじゃ

息長足比売命を祀り、開運・商売繁昌のご利益があるとされる神社。拝殿前に掛けられた大注連縄は直径2.6m、長さ11m、重さ3tで日本一の大きさ。境内には大鈴と大太鼓も奉安され、大注連縄と併せて「3つの日本一」として継承されている。

福岡県　MAP P.187 D-2

▶P.44

日本一大きい 大鈴

重さ450kg、日本一の大鈴。重量があるため昭和中期に鈴堂を建立し大太鼓とともに奉安

日本一大きい 大注連縄

毎年の掛け替えを行う注連縄としては日本一の大きさ。のべ1500人がかりで掛け替える

日本一大きい 大太鼓

直径2.2m。檜や入手できないほど大きな和牛の皮などすべて国産素材の大太鼓として日本一

2000年超の自然史を刻む老木

縄文杉
じょうもんすぎ

日本一古い 樹木

屋久島では樹齢1000年以上の杉を屋久杉、数百年の若木を小杉と呼ぶ。屋久杉のなかでも最大級の縄文杉は、見る者を圧倒する老大木だ。樹齢は2000から7200年までと諸説あるが、中心部の空洞内部から採取した資料の計測値は2170年を示している。

鹿児島県　MAP P.188 B-2

▶P.77

ずんぐりした低木は台風常襲地帯に育つ屋久杉の特徴。現在は根を守るため展望デッキから観賞

日本最大級のテーマパークリゾート

ハウステンボス

日本一広い テーマパーク

152haという日本一の面積を誇るテーマパーク。「憧れの異世界。」をブランドテーマに掲げ、オランダの街並みが再現された運河が流れる広大な園内で、アトラクションやエンターテインメント、"世界一"のイルミネーションなどが楽しめる。

長崎県　MAP P.186 C-3

▶P.178

大村湾北端に面した海沿いにあり、アムステルダムシティなどと命名された一角もある

©ハウステンボス/J-21803

九州で見たい 日本一の風景

INDEX

あ
青島神社 ・・・・・・・・・・・・・・ 41
青の洞門・・・・・・・・・・・・・・・ 157
赤崎鍾乳洞 ・・・・・・・・・・・ 81
阿蘇神社 ・・・・・・・・・・・・・ 145
阿蘇パノラマライン ・・・・・・・144
天草パールライン ・・・・・・ 32
天岩戸神社 ・・・・・・・・・・・ 37
天安河原 ・・・・・・・・・・・・・ 37
奄美大島 ・・・・・・・・・・・・・・90
黄牛の滝・・・・・・・・・・・・・ 162
あやまる岬 ・・・・・・・・・・・・93
現人神社 ・・・・・・・・・・・・・50
有明海 ・・・・・・・・・・・・・・・ 182
有田内山 ・・・・・・・・・・・・・ 128
有田陶磁美術館 ・・・・・・・ 129
有田ポーセリンパーク ・・・ 179
壱岐・・・・・・・・・・・・・・・・・86
壱岐イルカパーク&リゾート 89
壱岐市立一支国博物館
　（長崎県埋蔵文化財センター）88
生月サンセットウェイ ・・・・ 152
池田湖・・・・・・・・・・・・・・・・ 10
生駒高原 ・・・・・・・・・・・・・ 16
稲佐山山頂展望台 ・・・・・・ 169
猪八重渓谷 ・・・・・・・・・・・ 28
いまきん食堂 ・・・・・・・・・・ 145
ウィルソン株・・・・・・・・・・・ 77
宇佐神宮 ・・・・・・・・・・・・・ 19
鵜戸神宮 ・・・・・・・・・・・・・ 38
海の中道・・・・・・・・・・・・・ 54
浦ノ崎駅 ・・・・・・・・・・・・・ 72
雲仙地獄・・・・・・・・・・・・・・9
雲仙多良シーライン ・・・・・・ 8
永尾劔神社 ・・・・・・・・・・・ 58
えびの高原 ・・・・・・・・・・・ 17
男池湧水群 ・・・・・・・・・・・ 164
大魚神社の海中鳥居 ・・・・・・42

か
大浦天主堂 ・・・・・・・・・・・・ 169
大江教会 ・・・・・・・・・・・・・ 33
大瀬崎断崖 ・・・・・・・・・・・ 177
大原邸・・・・・・・・・・・・・・・ 117
大三東駅 ・・・・・・・・・・・・・ 72
大御神社 ・・・・・・・・・・・・・ 67
雄川の滝・・・・・・・・・・・・・ 158
御輿来海岸 ・・・・・・・・・・・ 56
鬼の足跡・・・・・・・・・・・・・ 89
飫肥・・・・・・・・・・・・・・・・・ 126
飫肥城跡 ・・・・・・・・・・・・・ 127
海上露天風呂 波の湯 茜 ・・・ 111
開門山麓自然公園 ・・・・・・・ 13
かがみの海・・・・・・・・・・・・ 52
鏡山展望台 ・・・・・・・・・・・ 107
鹿児島県歴史・美術センター
　黎明館 ・・・・・・・・・・・・・ 137
香椎宮 ・・・・・・・・・・・・・・・ 55
風の見える丘公園・・・・・・・ 63
カトリック水ノ浦教会 ・・・・・ 177
金田城跡 ・・・・・・・・・・・・・84
釜蓋神社（射楯兵主神社）・・ 13
上色見熊野座神社 ・・・・・・・46
蒲生の大楠 ・・・・・・・・・・・ 184
ガラスの砂浜 ・・・・・・・・・・ 70
唐津シーサイドホテル ・・・・ 106
唐津城・・・・・・・・・・・・・・・ 63
川下り ・・・・・・・・・・・・・・・ 124
河内藤園 ・・・・・・・・・・・・・ 149
環境芸術の森 ・・・・・・・・・ 28
韓国展望所 ・・・・・・・・・・・ 85
元祖 本吉屋 ・・・・・・・・・・・ 125
菊池渓谷 ・・・・・・・・・・・・・ 160
北原白秋生家・記念館 ・・・・ 125
杵築 ・・・・・・・・・・・・・・・・ 114
杵築城 ・・・・・・・・・・・・・・ 117
きつき城下町資料館 ・・・・・ 116
九州オルレ
　みやま・清水山コース ・・・・ 14
　清水寺 ・・・・・・・・・・・・・ 15
　清水山ぼたん園 ・・・・・・・ 15
霧島山麓丸池湧水・・・・・・・ 164
金印公園 ・・・・・・・・・・・・・ 55
金作原原生林 ・・・・・・・・・・93
金山橋 ・・・・・・・・・・・・・・ 132
草千里ヶ浜 ・・・・・・・・・・・ 142
九十九島観光公園 ・・・・・・ 141
くじゅう花公園 ・・・・・・・・・・27

国指定史跡
「出島和蘭商館跡」・・・・・ 169
国見ヶ丘 ・・・・・・・・・・・・・ 37
倉崎海岸 ・・・・・・・・・・・・・93
倉岳神社 ・・・・・・・・・・・・・30
グラバー園 ・・・・・・・・・・・・ 169
グリーンテラス雲仙 ・・・・・・・ 9
グリーンランド ・・・・・・・・・・ 182
黒潮の森
　マングローブパーク ・・・・・92
黒豚料理 あぢもり ・・・・・・ 137
芥屋の大門 ・・・・・・・・・・・49
神崎鼻公園 ・・・・・・・・・・・ 141
国営海の中道海浜公園 ・・・・ 55
国際海浜エントランスプラザ
　英国式庭園 ・・・・・・・・・ 180
小倉城・・・・・・・・・・・・・・・ 149
苔むす森 ・・・・・・・・・・・・・ 77
九重"夢"大吊橋 ・・・・・・・・ 181
小島神社 ・・・・・・・・・・・・・89
児玉美術館 ・・・・・・・・・・・ 28
五島列島 福江島 ・・・・・・・ 174
米塚 ・・・・・・・・・・・・・・・・ 145
御霊もみじ ・・・・・・・・・・・・ 157

さ
最教寺 ・・・・・・・・・・・・・・・ 173
西郷恵一郎庭園 ・・・・・・・ 121
西郷隆盛銅像 ・・・・・・・・・ 137
西都原古墳群 ・・・・・・・・・ 24
﨑津教会 ・・・・・・・・・・・・・ 33
櫻井神社 ・・・・・・・・・・・・・48
桜井二見ヶ浦 ・・・・・・・・・・48
佐多民子庭園 ・・・・・・・・・ 121
佐多直忠庭園 ・・・・・・・・・ 121
佐多美舟庭園 ・・・・・・・・・ 121
皿倉山展望台 ・・・・・・・・・ 146
猿岩 ・・・・・・・・・・・・・・・・ 89
山王寺 ・・・・・・・・・・・・・・・50
サンメッセ日南 ・・・・・・・・・ 179
椎葉村 ・・・・・・・・・・・・・・・ 131
四王子神社 ・・・・・・・・・・・50
CITY SPA てんくう ・・・・・・・ 110
島原城 ・・・・・・・・・・・・・・・ 9
釈迦院御坂遊歩道 ・・・・・・ 183
縄文杉 ・・・・・・・・・・・・ 77・185
白川水源 ・・・・・・・・・・・・・ 164
白木峰高原 ・・・・・・・・・・・・ 6
白良ヶ浜万葉公園・・・・・・・ 177
城山展望台 ・・・・・・・・・・・ 134

菅生の滝・・・・・・・・・・149
菅原神社(荒平天神)・・・・・159
青雲橋・・・・・・・・・・・・37
瀬の本高原ホテル ・・・・・108
瀬尾観音三滝 ・・・・・・・・65
仙巌園・・・・・・・・・・・137
千尋の滝 ・・・・・・・・・・77
千仏鍾乳洞 ・・・・・・・・149
曽木の滝 ・・・・・・・・・162

た 大観峰・・・・・・・・・・・145
太鼓岩 ・・・・・・・・・・・77
高千穂峡 ・・・・・・・・・・34
高千穂神社 ・・・・・・・・・37
高舞登山 ・・・・・・・・・・33
高森湧水トンネル公園 ・・・・47
髙城庵・・・・・・・・・・・120
武雄温泉 楼門・・・・・・・・23
辰の島遊覧船 ・・・・・・・・89
立神岩 ・・・・・・・・・・・63
田中一村記念美術館 ・・・・・94
田平天主堂 ・・・・・・・・172
チームラボギャラリー
　　真玉海岸 ・・・・・・・・69
筑後川昇開橋 ・・・・・・・132
中華料理 四海樓・・・・・・169
長寿庵 開聞店・・・・・・・・13
知覧・・・・・・・・・・・・118
知林ヶ島 ・・・・・・・・・・13
通潤橋・・・・・・・・・・・184
対馬・・・・・・・・・・・・82
ツル観察センター ・・・・・183
出島橋 ・・・・・・・・・・184
展海峰・・・・・・・・・・・138
都井岬・・・・・・・・・・・150
堂崎天主堂 ・・・・・・・・177
土盛海岸 ・・・・・・・・・・93
鳥ノ巣山展望所 ・・・・・・・65

な 長崎・・・・・・・・・・・166
長崎孔子廟 ・・・・・・・・169
長崎新地中華街 ・・・・・・180
長崎鼻・・・・・・・・・・・101
永田いなか浜 ・・・・・・・・77
中岳第一火口 ・・・・・・・145
中根邸・・・・・・・・・・・117
長部田海床路・・・・・・・・59
長目の浜・・・・・・・・・・64
中山の大藤 ・・・・・・・・・14
長串山公園 ・・・・・・・・141

七ツ釜・・・・・・・・・・・63
鍋ヶ滝 ・・・・・・・・・・161
西大山駅 ・・・・・・・・・・72
虹の松原 ・・・・・・・・・・63
仁田峠展望所 ・・・・・・・・9
日南フェニックスロード 40・152
日本一小さな公園 ・・・・・・71
願いが叶うクルスの海 ・・・・66
能見邸・・・・・・・・・・・117
のこのしまアイランドパーク 20
野母崎 水仙の丘・・・・・・・26

は ハートロック・・・・・・・・93
ハウステンボス ・・・・178・185
舵引き丘・・・・・・・・・・81
浜野浦の棚田 ・・・・・・・・60
原の辻一支国王都復元公園89
藩校の門 ・・・・・・・・・117
萬松院・・・・・・・・・・・85
番所鼻自然公園 ・・・・・・・13
一松邸 ・・・・・・・・・・117
妊神山砲台跡 ・・・・・・・・85
平内海中温泉 ・・・・・・・・77
平尾台 ・・・・・・・・・・149
平戸 ・・・・・・・・・・・170
平戸オランダ商館 ・・・・・173
平戸ザビエル記念教会 ・・・173
平戸城 ・・・・・・・・・・173
平山克己庭園 ・・・・・・・121
平山亮一庭園 ・・・・・・・121
福江城跡 ・・・・・・・・・177
福岡タワー ・・・・・・・・183
武家屋敷 ・・・・・・・・・・9
二俣橋・・・・・・・・・・・132
古羅漢 ・・・・・・・・・・157
別府温泉 杉乃井ホテル・・・96
べっぷ地獄めぐり ・・・・・112
BABY QOO・・・・・・・・・・177
ヘルシーランド露天風呂
　　たまて箱温泉 ・・・・・100
ほっとふっと105・・・・・・182
ホテル南風楼・・・・・・・・102

ま 真玉海岸 ・・・・・・・・・・68
松浦史料博物館 ・・・・・・173
マテリヤの滝 ・・・・・・・・93
マリンワールド海の中道 ・・・55
万関展望台 ・・・・・・・・・85
三宇田浜海水浴場 ・・・・・・85
道の駅 有明リップルランド ・33

三柱神社 ・・・・・・・・・125
御船山楽園 ・・・・・・・・・22
宮崎県立西都原考古博物館24
宮地嶽神社 ・・・・・・・55・185
宮地嶽神社の光の道・・・・・44
妙見浦・・・・・・・・・・・33
宗像大社 辺津宮・・・・・・・45
森重堅庭園 ・・・・・・・・121

や 焼肉 初栄 ・・・・・・・・・37
屋久島・・・・・・・・・・・74
屋久島トレッキング ・・・・・76
柳川・・・・・・・・・・・・122
柳川城址 ・・・・・・・・・125
柳川藩主立花邸 御花 ・・・125
耶馬渓アクアパーク ・・・・156
耶馬渓ダム記念公園
　　渓石園 ・・・・・・・・157
耶馬渓 一目八景 ・・・・・154
山川砂むし温泉 砂湯里・・・100
やまなみハイウェイ ・・・・152
山のホテル夢想園 ・・・・・104
八女 ・・・・・・・・・・・130
湧水庭園 四明荘 ・・・・・164
祐徳稲荷神社 ・・・・・・・・43
有朋の里 泗水孔子公園 ・・179
湯けむり展望台 ・・・・・・・99
湯の坪街道 ・・・・・・・・105
湯之平展望所 ・・・・・・・137
湯布院フローラル
　　ヴィレッジ ・・・・・・・180
弓張岳展望台 ・・・・・・・141
百合ヶ浜 ・・・・・・・・・・81
溶岩なぎさ遊歩道 ・・・・・137
豫章館・・・・・・・・・・・127
夜萩円山公園 ・・・・・・・・65
呼子朝市 ・・・・・・・・・・63
ヨロン駅 ・・・・・・・・・・81
与論島・・・・・・・・・・・78
与論城跡 ・・・・・・・・・・81
与論民俗村 ・・・・・・・・・81

ら るるパーク
　　(大分農業文化公園)・・・・18

わ 鷲尾愛宕神社 ・・・・・・・・21
和多都美神社 ・・・・・・・・85

191

STAFF

編集制作 Editors
(株)K&Bパブリッシャーズ

取材・執筆 Writers
小嶋遼
堀井美智子

本文・表紙デザイン Cover & Editorial Design
(株)K&Bパブリッシャーズ

表紙写真 Cover Photo
桜井二見ヶ浦／PIXTA

地図制作 Maps
トラベラ・ドットネット(株)
尾﨑健一
山本眞奈美(DIG.Factory)

写真協力 Photographs
関係諸施設
関係各市町村観光課・観光協会
PIXTA

総合プロデューサー Total Producer
河村季里

TAC出版担当 Producer
君塚太

エグゼクティブ・プロデューサー
Executive Producer
猪野樹

おとな旅プレミアム
日本の絶景 九州

2025年4月18日　初版　第1刷発行

著　　　者　TAC出版編集部
発　行　者　多　田　敏　男
発　行　所　TAC株式会社　出版事業部
　　　　　　　　　（TAC出版）
　　　　　　〒101-8383 東京都千代田区神田三崎町3-2-18
　　　　　　電話　03(5276)9492(営業)
　　　　　　FAX　03(5276)9674
　　　　　　https://shuppan.tac-school.co.jp
印　　　刷　株式会社　光邦
製　　　本　東京美術紙工協業組合

©TAC 2025　Printed in Japan　　　　ISBN978-4-300-11652-4
N.D.C.291　　　　　　　　　　落丁・乱丁本はお取り替えいたします。

本書は，「著作権法」によって，著作権等の権利が保護されてい
る著作物です。本書の全部または一部につき，無断で転載，複写
されると，著作権等の権利侵害となります。上記のような使い方
をされる場合には，あらかじめ小社宛許諾を求めてください。

本書に掲載した地図の作成に当たっては，国土地理院発行の数値
地図（国土基本情報）電子国土基本図（地図情報），数値地図
（国土基本情報）電子国土基本図（地名情報）及び数値地図（国
土基本情報20万）を調整しました。